MOCHILÃO DO EMPREENDEDOR DE SUCESSO

14 MENTALIDADES + 15 PASSOS PARA CONQUISTAR A SUA LIBERDADE

Editora Appris Ltda.
1.ª Edição - Copyright© 2024 dos autores
Direitos de Edição Reservados à Editora Appris Ltda.

Nenhuma parte desta obra poderá ser utilizada indevidamente, sem estar de acordo com a Lei nº 9.610/98. Se incorreções forem encontradas, serão de exclusiva responsabilidade de seus organizadores. Foi realizado o Depósito Legal na Fundação Biblioteca Nacional, de acordo com as Leis nos 10.994, de 14/12/2004, e 12.192, de 14/01/2010.

Catalogação na Fonte
Elaborado por: Dayanne Leal Souza
Bibliotecária CRB 9/2162

S238m
2024
	Sanzi, Rafaela
	    Mochilão do empreendedor de sucesso: 14 mentalidades + 15 passos para conquistar a sua liberdade / Rafaela Sanzi. – 1. ed. – Curitiba: Appris, 2024.
	        213 p. : il. ; 21 cm.
	
	        ISBN 978-65-250-6394-2
	
	        1. Empreendedorismo. 2. Negócios. 3. Marketing. I. Sanzi, Rafaela. II. Título.
	
	                                                                         CDD – 658.8

Livro de acordo com a normalização técnica da ABNT

Appris *editora*

Editora e Livraria Appris Ltda.
Av. Manoel Ribas, 2265 – Mercês
Curitiba/PR – CEP: 80810-002
Tel. (41) 3156 - 4731
www.editoraappris.com.br

Printed in Brazil
Impresso no Brasil

Rafaela Sanzi

MOCHILÃO DO EMPREENDEDOR DE SUCESSO

14 MENTALIDADES + 15 PASSOS PARA CONQUISTAR A SUA LIBERDADE

FICHA TÉCNICA

EDITORIAL	Augusto V. de A. Coelho
	Sara C. de Andrade Coelho
COMITÊ EDITORIAL	Marli Caetano
	Andréa Barbosa Gouveia (UFPR)
	Edmeire C. Pereira (UFPR)
	Iraneide da Silva (UFC)
	Jacques de Lima Ferreira (UP)
SUPERVISORA EDITORIAL	Renata C. Lopes
PRODUÇÃO EDITORIAL	Renata Miccelli
REVISÃO	Stephanie Ferreira Lima
DIAGRAMAÇÃO	Andrezza Libel
CAPA	Giandra Santos
REVISÃO DE PROVA	Bruna Santos

Aos meus pais,
Antônio Sanzi e Maria Regina Pereira Sanzi,
pelo apoio e amor incondicionais.

Agradecimentos

À Heloísa Ost Delgado, pelo convite e estímulo a escrever o meu primeiro livro, pela cessão dos seus direitos como coautora em meu benefício.

Adriano de Oliveira Lopes, esposo, parceiro de vida e sócio na empresa. Este livro não seria possível sem as nossas intermináveis conversas, o teu apoio, amor e admiração por mim que me encheram de esperança e confiança para continuar e concluir este projeto que também era um sonho de uma vida.

Aos meus pais, que me amaram, cuidaram e educaram para eu me tornar o que eu sou. Não há palavras para expressar a minha gratidão, devo tudo a eles.

À ilustradora talentosa e atenciosa, Giandra Santos, que se dedicou com paixão e maestria para representar na capa e nas ilustrações deste livro a minha intenção, emoção e imaginação.

Por fim, agradeço à Editora Appris, pela organização, paciência e competência na edição e publicação deste livro.

Apresentação

Preparado para embarcar em uma jornada que pode transformar sua vida? Este livro é a porta de entrada para uma aventura emocionante, repleta de desafios e recompensas, tudo isso em busca do sucesso empreendedor.

Vamos ser sinceros, empreender é como uma viagem. Você planeja, enfrenta obstáculos, aprende com os imprevistos e, no final do dia, colhe os frutos do seu esforço. Assim como uma viagem, o empreendedorismo pode ser cheio de surpresas, momentos difíceis e conquistas emocionantes.

Se você compartilha da mesma inquietude e curiosidade que nos impulsiona a viajar, então o empreendedorismo pode ser a sua vocação. Este livro é um guia de sobrevivência para empreendedores aventureiros, aqueles que não apenas sonham com negócios de sucesso, mas estão dispostos a enfrentar os desafios da jornada.

Eu, como uma empreendedora que começou do zero, sei que os primeiros anos de um negócio podem ser difíceis. Horas de trabalho árduo, receitas limitadas e um turbilhão de emoções. Mas a boa notícia é que, à medida que aprendemos a navegar nesse território desconhecido, as tempestades diminuem, o medo desaparece e os resultados começam a surgir.

Este livro é o meu compromisso de prepará-lo(a) para enfrentar os desafios dos primeiros anos do seu empreendimento. Vou compartilhar lições valiosas e conselhos baseados na minha própria jornada empreendedora.

Dividi este guia em três partes essenciais. Na primeira, vamos entender o que é e os benefícios de empreender. Na segunda, vamos preparar sua mentalidade empreendedora para o sucesso. Você é o centro desta equação e sua mentalidade desempenha um papel crucial no caminho para o sucesso. Vamos explorar 14 competências pessoais que o ajudarão a enfrentar os desafios com confiança.

Na terceira parte, forneci orientações práticas sobre como gerir seu próprio negócio. Você aprenderá a gerir suas finanças, atrair clientes, criar estratégias de crescimento e, além disso, aproveitaremos o poder do marketing para alavancar seu negócio.

Este livro não é teórico, nem um manual de instruções passo a passo. É um recurso para capacitá-lo(a) a tomar suas próprias decisões, criar estratégias e assumir a responsabilidade por seu negócio. Você aprenderá com meus erros e sucessos, usando minha experiência como um guia. É um guia prático baseado na experiência real. Pronto para começar esta jornada empreendedora? Siga em frente e descubra como transformar seus sonhos em realidade!

Lista de Imagens

Imagem 1   O mochilão empreendedor de sucesso

Imagem 2   14 mentalidades do empreendedor de sucesso

Imagem 3   15 passos de gestão para ter uma empresa de sucesso

Imagem 4   Os 4 super-heróis da gestão

Imagem 5   *Big boss*

Imagem 6   4 passos para uma estratégia bem-sucedida

Imagem 7   A diferença entre mercado, segmento, nicho e subnicho

Imagem 8   Como definir o melhor público para o seu negócio

Imagem 9   Utilizando o Google para descobrir nichos e subnichos

Imagem 10 Técnico do time

Imagem 11 Sistema marketing lucrativo

Imagem 12 Passo 5: encontre e seja encontrado pelo cliente certo.

Imagem 13 Impacto das ações de comunicação

Imagem 14 Presença on-line fundamental

Imagem 15 Presença on-line expandida

Imagem 16 Presença on-line em números

Imagem 17 Passo 6: faça a venda ganha-ganha.

Imagem 18 Vendas honestas geram lucro a longo prazo.

Imagem 19   Passo 7: encante o cliente por meio da experiência.

Imagem 20   Passo 8: fidelize e rentabilize a carteira de clientes.

Imagem 21   Masterchef das planilhas

Imagem 22   3 rotinas financeiras essenciais

Imagem 23   Supergerente

Imagem 24   Método PAMA para gerir uma empresa

Imagem 25   Método 5W2H para criar um plano de ação

Lista de Tabelas

Tabela 1   Ferramentas úteis para organização de ideias.

Tabela 2   Os quatro super-heróis da gestão e suas funções

Tabela 3   Exemplos de nomes de marcas pessoais e institucionais versus razões sociais

Tabela 4   O significado das cores

Tabela 5   Posicionamento de mercado de marcas esportivas

Tabela 6   Exemplo de planos de ação

Tabela 7   Exemplos de ações de comunicação por ponto de contato

Tabela 8   Exemplo de orçamento anual

Tabela 9   Modelo de Plano de Ação 5W2H

Lista de Exercícios

Exercício 1 Descubra o que a sua história revela sobre você

Exercício 2 Liste as suas características empreendedoras

Exercício 3 Registre qual é o seu sonho

Exercício 4 Registre qual é o seu propósito

Exercício 5 Organize as suas ideias empreendedoras

Exercício 6 Reconheça a sua habilidade de adaptação

Exercício 7 Reconheça o grande motivo de persistir

Exercício 8 Identifique o que motiva você a buscar o crescimento

Exercício 9 Anote suas ideias sobre como aumentar a sua reputação

Exercício 10 Liste ações de networking que você pode realizar

Exercício 11 Avalie a sua autoconfiança

Exercício 12 Avalie a sua resiliência

Exercício 13 Reconheça as oportunidades que você tem perdido

Exercício 14 Observe o seu mercado

Exercício 15 Pratique o método de teste e aprendizado

Exercício 16 Pratique a aprendizagem contínua

Exercício 17 Autoavaliação de liderança

Exercício 18 Defina o nome da sua marca

Exercício 19 Tome decisões sobre a marca

Exercício 20 Defina o seu posicionamento de mercado

Exercício 21 Defina o seu público-alvo

Exercício 22 Defina seus objetivos estratégicos

Exercício 23 Elabore planos de ação para realizar os objetivos

Exercício 24 Defina a sua presença

Exercício 25 Elabore uma política de vendas ganha-ganha

Exercício 26 Crie práticas que elevem a satisfação dos clientes

Exercício 27 Rentabilize a sua carteira de clientes

Exercício 28 Faça o seu orçamento anual

Exercício 29 Estabeleça uma rotina financeira mensal

Exercício 30 Estabeleça uma rotina financeira semanal

Exercício 31 Elabore um plano de ação 5W2H

Exercício 32 Checklist do supergerente

Exercício 33 Registre e monitore os indicadores de resultado

Exercício 34 Aprenda com o passado

Índice

Introdução 19

O passo zero é entender onde você está se metendo 25

A ideia de ser empreendedor(a) 27

Empreender e ser empreendedor(a) 37

Viva essa aventura com liberdade e autonomia 44

Prepare o mochilão, a viagem vai começar! 46

As 14 mentalidades do empreendedor de sucesso 49

1. Sonho: viva a linda capacidade de sonhar 51

2. Propósito: descubra o seu propósito de vida 53

3. Multipotencial: explore a sua multipotencialidade 55

4. Adaptação: adapte-se e reinvente-se, camaleão! 61

5. Persistência: enfrente e supere os piores momentos 64

6. Crescimento: desperte o desejo intenso de ser cada vez melhor 67

7. Reputação: construa um bom Karma 69

8. Networking: conecte-se com pessoas e amplie a sua rede 74

9. Autoconfiança: confie em si mesmo(a) 76

10. Resiliência: a capacidade de aguentar a pressão 80

11. Oportunidade: ligue o radar! 83

12. Observação: você está vendo o que eu estou vendo? 85

13. Teste: tire as suas ideias do papel 87

14. Aprendizagem: desenvolvendo uma mentalidade fluída 92

OBS.: você é já líder. 95

Os 15 passos de gestão para ter uma empresa de sucesso 97

Os quatro super-heróis da gestão 100

Estratégia – A *big boss* no centro de controle do negócio 102

Passo 1: defina a sua marca, quem é você 105

Passo 2: defina o seu posicionamento de mercado: como você quer ser visto(a) 113

Passo 3: defina os seus <u>objetivos</u>: onde você quer chegar 131

Passo 4: tenha um plano para chegar lá 134

Marketing – O técnico do time lidera para ser o campeão do mercado 139

Passo 5: encontre e seja encontrado pelo cliente certo 143

Passo 6: faça a venda ganha-ganha 154

Passo 7: encante o cliente por meio da experiência 165

Passo 8 – fidelize e rentabilize a carteira de clientes 175

Finanças – A masterchef das planilhas transforma números em ideias 184

Passo 9: planeje o seu futuro financeiro com um orçamento anual 187

Passo 10: revise o financeiro do mês anterior 194

Passo 11: faça o registro e controle financeiro semanalmente 196

Gestão – O supergerente tem o método da alta performance 198

Passo 12: organize o que precisa ser feito com planos de ação 200

Passo 13: garanta que as ações planejadas aconteçam 203

Passo 14: monitore os indicadores de resultado 205

Passo 15: aprenda com o passado 207

Final – o que eu faria depois de ler este livro 210

Introdução

Vamos embarcar numa aventura? Por um lado, essa aventura é excitante porque nos presenteia com uma experiência enriquecedora, além de nos apresentar novos lugares, pessoas e paisagens. Por outro lado, qualquer viagem tem imprevistos e desafios, se você tem um plano de viagem, pode ter certeza de que nem tudo sairá conforme o plano. Os desafios podem ser inúmeros, não saber como se mover na cidade, não saber onde comer, às vezes até nem saber se comunicar no mesmo idioma. Mas quer saber?! Todos esses desafios no final das contas valem a pena! Os benefícios compensam as dificuldades, certo? Eu nunca conheci alguém que depois da primeira viagem tenha dito "naaaaah, isso não é pra mim, nunca mais vou viajar". Você já conheceu?

Nós, seres humanos, somos inerentemente curiosos e inquietos. Até os mais conformistas às vezes querem uma aventura, pode ser só nas férias, uma vez por ano já está bom. Para os mais rebeldes, eu me coloco nessa categoria, só viajar de férias não é suficiente para alimentar o bichinho da curiosidade. Temos vontade de ver o mundo, de transformar o mundo e de transformar a nós mesmos.

Eu comecei a alimentar o meu bichinho fazendo pequenas mudanças, mudança de faculdade, de emprego, de área de especialidade. As mudanças também refletiram na minha vida pessoal, mudei de casa, pensei em mudar de cidade, mas acabei por mudar de país. Nessa altura da minha vida, eu já abracei o fato da curiosidade, inquietude e, por isso, mudança, serem três elementos que estão inscritos no meu DNA, fazem parte de mim.

E quem tem o mesmo bichinho que eu tende a encontrar grande satisfação no empreendedorismo, porque empreender é uma aventura estimulante e enriquecedora — não só na esfera financeira, mas nas esferas pessoais e emocionais também.

Se você já tem o seu próprio negócio ou trabalha por conta própria, como autônomo ou MEI (microempresário individual), você já deve ter algumas pistas de como empreender, é parecido com uma viagem.

Você decide o destino, prepara a mala, faz o plano e o orçamento e vai mesmo sabendo que nem tudo vai correr como o planejado, porque as recompensas valem a pena. Essa é uma boa definição do que é uma viagem e é uma ótima descrição do que é ter o próprio negócio. Então, meu amigo e minha amiga, você sabe que, se você vai viajar, precisa estar preparado o máximo possível para reduzir os riscos e imprevistos.

Se você pretende empreender (ou já iniciou o seu negócio) também tem de se preparar para enfrentar os desafios que vem pela frente. Este livro é um guia de sobrevivência para empreendedores aventureiros. Sim, você leu bem, sobrevivência. Ao empreender, buscamos a sobrevivência e a longevidade do nosso negócio, pois é no médio e longo prazo que as empresas nos retornam mais benefícios. Os primeiros anos são os mais difíceis, desgastantes e que oferecem menos recompensas.

A minha experiência como empreendedora, nos primeiros anos, é de trabalhar muitas horas, me esforçar muito, ganhar pouco e viver um turbilhão de emoções — da alegria às crises de raiva e medo. Aos poucos, à medida que os anos passam e nós vamos compreendendo o funcionamento do negócio e do mercado, então, a frequência das turbulências diminui, assim como o medo e as dúvidas dissipam-se.

Os desafios não param de aparecer, mas nós ficamos cada vez mais preparados para enfrentá-los, como um samurai que aprimora a sua técnica a cada dia. No início, o estudante esforça-se exaustivamente em busca de tornar um samurai, é cansativo e frequentemente ele duvida da própria capacidade de ser um bom samurai um dia. Mas se ele for persistente e praticar todos os dias, aprendendo lição por lição, chegará o dia que se tornará tão natural os movimentos que o samurai já fará parte de quem ele é.

O meu objetivo com este livro e o meu compromisso com você é de prepará-lo(a) o máximo possível para enfrentar o que vem nos primeiros anos do seu próprio empreendimento. Prepará-lo tecnicamente e emocionalmente para vencer a pior fase empreendedora que é o início. Depois de vencer essa fase, pode ter certeza de que você vai longe!

Se você está pretendendo ler este livro é porque não quer virar essa estatística: 21,7% das empresas não chegam a completar o primeiro ano. Enquanto 59,3% dos negócios fecham antes dos cinco.[1]

O motivo pelo qual você empreende pode ser amor, paixão, vocação, dinheiro, necessidade, liberdade, reconhecimento ou qualquer outro motivo. O fato é que há grandes chances de você só começar a receber o que pretende depois de passar a fase de arrancada. É por isso que você deve sobreviver aos primeiros anos, para usufruir dos benefícios que tanto deseja.

A partir da perspectiva de uma sobrevivente que foi uma empreendedora iniciante que viveu na pele os desafios mentais, emocionais e técnicos de começar a própria empresa do zero e sem nenhum dinheiro para investir, você vai encontrar neste livro conselhos e lições enriquecidas com a minha história pessoal. Que os desafios que eu vivi sirvam de lições para facilitar a sua caminhada empreendedora.

Eu dividi o livro em três partes que incluem as duas esferas essenciais e complementares de preparação empreendedora. Nós vamos preparar as suas capacidades mentais e emocionais para você ter uma mentalidade empreendedora de sucesso. Vamos equipar o seu mochilão com **14 competências pessoais** que vão lhe habilitar para lidar com os desafios da jornada empreendedora. Você pode ter certeza de que você é o centro da equação empreendedora, se não estiver preparado(a), o negócio não se sustenta. Depois, vamos preparar você na esfera técnica, de como você mesmo gerir o negócio. Vamos colocar você no centro de comando do seu negócio, com os conhecimentos de **4 áreas da gestão empresarial** adaptados para a realidade de pequenos negócios, você vai aprender a gerir o dinheiro, atrair novos clientes, vender, criar estratégias de crescimento e medir e os resultados.

---

[1] Demografia das empresas e estatísticas de empreendedorismo: 2020 / IBGE, Coordenação de Cadastros e Classificações. Rio de Janeiro: IBGE, 2022. 132p. (Estudos e pesquisas. Informação econômica, ISSN 1679-480X; n. 36).

Já que o negócio que eu lidero hoje é uma agência de marketing digital, você vai poder contar também na segunda parte com uma pitada (generosa) de conhecimentos de marketing digital — como usar canais digitais, redes sociais, por exemplo, para divulgar o seu negócio e conquistar clientes.

O que você pode esperar deste livro? Vou começar pelo que você não deve esperar. Este não é um livro teórico. Os livros teóricos ou técnicos da área de administração e empreendedorismo geralmente escondem o fato de que o próprio autor nunca ter colocado os pés para fora da sala de aula ou do gabinete de pesquisa. São teóricos que estudaram os casos dos outros empreendedores — mas nunca arriscaram a própria pele colocando em prática as próprias teorias. Esses livros são ótimos para quem está na faculdade e busca um embasamento teórico, mas são bastante limitados quanto à utilidade na vida real empreendedora, especialmente de pequenos negócios. A maioria dos livros técnicos são voltados para grandes empresas, com grandes recursos financeiros e humanos, o que torna inviável colocar aquela teoria em prática no universo da *eupresa* — eu, eu mesmo e eu fazendo tudo na empresa.

Este livro também não é do tipo manual de instruções práticas, "faça isso que vai dar certo". Muitas vezes, os autores desses manuais de instruções são de fato empreendedores compartilhando a própria experiência. Embora pareça tentador comprar o manual de instruções, o fato é que empreender é de certa forma imprevisível, como uma viagem, não é possível ter certeza de que o plano vai funcionar. E se não funcionar? Você não vai encontrar o plano B e plano C no manual de instruções, pois ele só vai lhe dar a linha reta. Além disso, cada vez mais os livros desse tipo escondem segundas intenções do autor. As instruções são intencionalmente simplificadas porque o livro é um meio para converter leitores em clientes de outros serviços muito mais rentáveis para o autor do que o próprio livro. Vender livros hoje em dia não dá quase dinheiro, a não ser que o autor seja muito famoso, mas se é famoso é porque ganha muito dinheiro com outra atividade. Entende onde eu quero chegar?

"Nós crescemos mais rápido através das experiências dos outros."

Então, se este livro não é nem teórico, nem instruções passo a passo, é o quê? Pergunta você. É o caminho do meio. É um recurso para empoderar você para se tornar o(a) empreendedor que é capaz de tomar as próprias decisões, de criar as próprias estratégias, assumir a responsabilidade e saber lidar com o ônus e o bônus de ter o próprio negócio. Um livro que oferece um guia de desenvolvimento pessoal e profissional, uma alavanca de aprendizagem por meio da experiência que eu vivi e compartilho com você — aprenda por meio dos meus erros e acertos. Não há outra missão neste livro, além de possibilitar que você cresça e realize o seu projeto de vida e liberdade empreendedora apoiando-se na minha história.

Utilize este livro como o seu guia de viagem, leve na sua mochila, não tenha receio de dobrar as páginas, escrever nas margens e usar marcatexto. Eu preparei exercícios ao longo de cada etapa desta linda jornada que iniciamos hoje e aconselho que você use e abuse destes espaços para registrar as suas reflexões e decisões.

A leitura recomendada deste livro segue assim:

- a primeira parte — **o passo zero é entender onde você está se metendo** — é introdutória e pode servir como uma inspiração para empreender deve ser lida na ordem;
- a segunda parte — **viva essa aventura com autonomia e liberdade** — pode ser lida fora de ordem, se desejar, pois cada uma das 14 mentalidades são conteúdos independentes;
- a terceira parte — **15 passos de gestão para ter uma empresa de sucesso** — deve ser lida também na sequência apresentada no livro, pois os conteúdos dependem uns dos outros para fazer total sentido.

Agora é com você! Divirta-se!

O PASSO ZERO É ENTENDER ONDE VOCÊ ESTÁ SE METENDO

A ideia de ser empreendedor(a)

Tudo começa por uma ideia que se instala em nossa cabeça. Como uma semente, ela vai crescendo, criando pequenas raízes e brotando. Ainda frágil e imatura, a ideia plantada vai crescendo e vencendo o ambiente instável que venta dúvidas e chove esperança. A esperança de ter sucesso e ser feliz é o que nutre e faz com que a ideia de empreender transborde e vire realidade.

A razão de eu empreender está ligada a três palavras: **realização**, **liberdade** e **sucesso**. Eu acredito que as pessoas que desejam ter o próprio negócio, apesar de terem diferentes justificativas, no fundo o fazem pela mesma razão que eu: ter mais liberdade, sentir-se mais feliz e bem-sucedido. Embora liberdade, felicidade e sucesso sejam palavras cujo significado varia de pessoa para pessoa, a sensação e o sentimento que elas nos transmitem são universais.

Se você ainda não tem clareza do porquê quer empreender, com as reflexões propostas neste livro, você vai alcançar essa clareza. Passando pela minha história, para ilustrar com um exemplo real os motivos que levam a empreender até o exercício que vai instigá-lo(a) a declarar os seus motivos.

Motivos não faltam para empreender. Aqui estão meus 20 motivos preferidos.

Aventurar-se como uma pessoa empreendedora trará inúmeros benefícios, bem como desafios que exigirão de você novos conhecimentos e habilidades. Para comprar a ideia de empreender, precisamos olhar para as vantagens, os ganhos e os benefícios — serão eles maiores do que os desafios que teremos de enfrentar? Do meu ponto de vista, motivos não faltam para justificar se jogar nessa aventura. Estes são os 20 motivos mais fortes para desejar ter o próprio negócio:

1. O seu sucesso depende única e exclusivamente de você.
2. Empreender o(a) faz desenvolver um novo olhar sobre a vida.

3. Aumenta a autorresponsabilidade e autoconfiança.
4. Dá liberdade para fazer os seus próprios horários.
5. Oferece a oportunidade de ter múltiplas fontes de renda.
6. Você tem própria equipe ao invés de ser parte da equipe de alguém.
7. Você é seu próprio chefe.
8. Escolhe os clientes com quem quer trabalhar.
9. Pode moldar o trabalho ao seu estilo de vida.
10. Pode trabalhar a distância e ter liberdade geográfica.
11. Adquire uma mentalidade independente e autônoma.
12. Aprende a tomar decisões de forma rápida e acertada.
13. Aumenta a sua rede de contatos pessoais e profissionais.
14. Pode fazer o que ama.
15. Sente o impacto e a importância do seu trabalho no mundo.
16. Constrói autoridade profissional que lhe abrirá cada vez mais oportunidades de trabalho e renda.
17. Tem as rédeas da sua vida e carreira nas suas mãos.
18. Adquire habilidades de liderança, negociação, venda e muitas outras úteis na vida pessoal.
19. É reconhecido(a) no segmento onde atua.
20. Cria um legado e deixa a sua marca no mundo.

É suficiente ou quer mais? Senão, posso listar mais 50 motivos para despertar em você o desejo de empreender. Eu sou uma grande fã do empreendedorismo, mas eu não sou aquela pessoa que tem prazer em criar negócios para depois vendê-los para acumular riqueza. Nada disso. Na verdade, eu sou apaixonada por uma única coisa que o empreendedorismo pode me proporcionar: **LIBERDADE**.

Além da liberdade que proporciona, as pessoas também veem o empreendedorismo como uma via rápida para:

- Ter prosperidade financeira.
- Criar um produto inovador.
- Atender a uma necessidade de uma comunidade.
- Apoiar uma causa.

- Exercer a profissão que ama.
- Ter o reconhecimento que merece.
- Trabalhar do seu jeito e regido sob seus princípios.

Mas isso não quer dizer que vai ser fácil! Os desafios de empreender são tantos que muitos desistem nos primeiros anos, antes mesmo de a empresa ser lucrativa. Não vamos entrar nessa aventura sem conhecer exatamente quais riscos estamos assumindo. A verdade é que a maioria dos empreendedores passa por quase todas, senão todas estas dificuldades:

- Dúvida, medo, insegurança.
- Trabalhar em excesso.
- Falta de dinheiro e desorganização financeira.
- Falta de planejamento.
- Estresse, pressão e esgotamento.
- Dores de cabeça.
- Cansaço e insônia (ao mesmo tempo).
- Vontade de desistir.
- Frustração.
- Sentir-se sozinho(a) e desamparado(a).
- Falta de conhecimento e habilidades para lidar com imprevistos.

Parece ruim demais? Mas quem garante que não vamos sentir grande parte disso em um emprego qualquer? A questão é que:

"Empreender não é simples, não é uma alternativa, é uma missão

E por ser uma **missão**, as dificuldades não têm peso suficiente para nos fazer **desistir**.

Vendo de outra forma, existem muitas razões para querer empreender e só **uma** para não o fazer: **não empreenda, se isso não for para você**! Como assim? Eu acabei de lhe vender a ideia de que empreender era a realização do seu sonho, felicidade, prosperidade e agora jogo um balde de água fria?

E se empreender simplesmente não for para você?

Quando criança, ficou claro que esportes coletivos não eram pra mim. Eu não me dava bem no futebol, no vôlei, no basquete ou no handball. Além de eu não ser uma boa jogadora, eu não tinha facilidade em aprender e, o pior, não tinha vontade para aprimorar essas habilidades. É isso que significa "não ser para você".

Eu já vi pessoas talentosas e inteligentes iniciarem negócios por necessidade financeira e tornarem-se muito infelizes, mesmo trabalhando com o que amam.

Vejamos um exemplo: Ana ama cozinhar e o faz tão bem que pode transformar essa paixão em profissão. O que seria melhor para ela: ser contratada como chef de cozinha em um restaurante ou ter o próprio restaurante?

Como chef de cozinha do restaurante de alguém, Ana ocupará 100% do seu tempo de trabalho com o que ama fazer: criar receitas, selecionar ingredientes, cozinhar e supervisionar uma equipe de cozinheiros. Como chef, Ana até pode ter uma autonomia, mas da porta da cozinha para dentro. E o reconhecimento poderá vir, Ana poderá fazer carreira como chef nos melhores restaurantes do país e do mundo. Sendo tão notória, será convidada para participar em séries de gastronomia e ter o seu nome como marcas de alimentos. Ana pode ser muito feliz como chef!

Como empreendedora, Ana abre um restaurante na sua cidade. Eu aposto que Ana ficará no máximo 30% do tempo na cozinha, pois o restante do tempo ela está ocupada com a supervisão do atendimento no salão, no caixa, nas compras de suprimentos, na contratação e treinamento de funcionários, na divulgação do restaurante e no financeiro. Ao mesmo tempo, Ana tem, nesse cenário, total autonomia para fazer o restaurante do seu jeito, inclusive poderá continuar criando suas próprias receitas. Poderá se manter em um restaurante de bairro, onde Ana trata os clientes pelo nome e recebe enorme carinho e respeito de quem frequenta o restaurante. Ana sente-se uma pessoa vitoriosa pela coragem, resiliência, persistência e por ter construído praticamente sozinha esse negócio, que é fonte de sustento da sua família e tem o reconhecimento da sua comunidade.

Então, ambos cenários são lindos, não são? Mas apenas **um é perfeito para a Ana**, porque eles são essencialmente distintos nos tipos de atividades e responsabilidades diárias que demandam dela.

Querendo ou não, o trabalho ocupa grande parte do nosso dia enquanto estamos acordados. Não será algo que nós queremos fazer com satisfação? Ou queremos trabalhar apenas para satisfação de desejos no tempo que estamos fora do trabalho?

Acreditamos que o que nos faz felizes são as decisões e ações que todos os dias reforçam as nossas crenças e contribuem para a nossa felicidade. Por isso, é importante que você descubra se empreender é o melhor para você!

A história que me conduziu à minha escolha

Hoje, eu não tenho dúvida que empreender é o melhor para mim. Mas essa certeza veio com o tempo e ao longo das experiências profissionais. Progressivamente, eu fui vendo que algumas saídas profissionais não eram boas para mim, porque não usavam meus melhores talentos, causavam conflitos com os meus valores ou simplesmente me deixavam infeliz.

CLT não é pra mim!

O meu primeiro (e único) emprego de carteira assinada foi em uma grande empresa de mídia, no jornal de maior circulação do estado do Rio Grande do Sul na época, o jornal *Zero Hora*.

A experiência foi riquíssima e o meu desempenho no cargo de assistente de aquisição foi tão bom que em um ano eu fui promovida à analista de inteligência de mercado. Entretanto, algo ali começou a chocar-se com os meus princípios e comecei a me questionar se aquele era o melhor uso das minhas capacidades. Resumindo, a minha carteira de trabalho foi assinada apenas uma vez, por menos de 2 anos, e mantém-se assim até hoje.

Noutras alturas da minha vida, antes de empreender e nos primeiros anos do meu negócio, eu cheguei a vislumbrar a ideia de concorrer a vagas CLT, por conta do salário fixo e da "suposta" estabilidade. Mas, pensando bem, não conseguia mais me imaginar obedecendo ordens que muitas vezes eu discordaria.

Aos 37 anos, com apenas 1 experiência CLT, não me imagino no papel de empregada de uma empresa.

Trabalhar na empresa da família, tentei, mas não deu!

Outra experiência que entrou para a lista de "nãos" foi trabalhar na empresa da família. A ideia de herdar e liderar uma empresa iniciada pelos pais era linda, mas trabalhar sob os comandos do pai não era nada fácil para mim.

Durante bons anos, eu trabalhei com e para a empresa dos meus pais. Quando mais jovem, antes da faculdade, ajudava durante o Natal em múltiplas funções na loja. Era vendedora, caixa, estoquista, até fazia o transporte de mercadorias entre as lojas. Essa vivência foi fundamental para eu compreender o valor do dinheiro, do trabalho e da liberdade que os meus pais conquistaram enquanto empreendedores.

Durante a faculdade, tudo que eu aprendia na sala de aula aplicava na prática na loja. Alguns desses trabalhos nunca foram usados pelo meu pai, mas foram bons exercícios para mim. Lembro da vitória que foi para mim conseguir implementar para o meu pai um o cálculo de previsão de vendas e uma planilha financeira que calculava quanto meu pai podia gastar com compra de mercadorias nos meses futuros. Orgulho-me disso até hoje!

Foi depois da faculdade que eu tive certeza de que não seguiria na empresa da família, pois foi quando eu experimentei trabalhar tempo integral lá dentro. Os conflitos eram intensos e a relação definitivamente não era boa. Optei por preservar a relação familiar e abdicar do meu lugar como sucessora. Segui o meu próprio caminho e experimentei outras alternativas.

Consultora autônoma, mas sem autonomia?!

Em um terceiro momento de carreira, eu me vi consultora empresarial, com um regime autônomo. Trabalhava como se fosse empregada CLT para empresas de consultoria, mas emitia recibos como autônoma. Essa experiência foi mais longa que a CLT, porque me dava um grau maior de liberdade. Apesar de ter horário de trabalho e salário fixo, eu tinha gestão das minhas atividades e menor controle de um chefe sobre mim. Eu flertei com essa carreira em torno de cinco anos em duas consultorias. Eu fiquei feliz a maior parte do tempo, é verdade. Mas parecia que alguma coisa ainda estava faltando.

Após 7 anos de graduada, com um mestrado trancado, uma pós-graduação concluída e 9 anos de experiência de mercado, que eu me compreendi melhor. Eu cheguei à conclusão de que eu tenho um espírito livre, sou idealista e tenho uma forma particular de ver o mundo. Ambientes cujas regras conflitam com os meus valores morais ou que não me davam autonomia e onde eu não podia utilizar todo o meu potencial não eram os adequados para mim.

Decidi colocar o pé na estrada

Tirei um sonho de criança da gaveta e resolvi viver a aventura de morar fora do país. A ideia de morar na Europa era encantadora, apesar de eu não ter uma ideia clara de como eu sobreviveria, com que trabalharia. O plano era simples e ingênuo:

- juntar uma poupança;
- concorrer a vagas de mestrado em Portugal, Inglaterra, Dinamarca e Irlanda em cursos diversos como Estudo sobre Mulheres e Escrita Criativa;

- estudar e trabalhar com marketing digital até me inserir no país com o título do mestrado, na área do mestrado;
- encontrar um parceiro que embarcasse na aventura comigo.

Era isso, apenas isso!

O plano foi um sucesso por um lado e um total fracasso por outro. Mas encurtando a história: fomos para Portugal (sim, encontrei um parceiro que se tornou meu esposo), não consegui terminar o mestrado por falta de grana, não encontrei emprego na minha área de formação e experiência, meu esposo teve por 1 ano e meio 2 empregos, trabalhava 10 horas por dia, por algo mais do que um salário-mínimo e meio, informalmente. O cenário não era nada como eu imaginava, entretanto eu sabia que não seria fácil no início.

Analisando todas as dificuldades de entrada no mercado de trabalho, baixos salários e alta informalidade, sem dizer a dificuldade de ser estrangeiro, levou-me nos primeiros seis meses à fatídica conclusão: empreender era a ÚNICA saída, se eu quisesse permanecer em Portugal e ter a tão sonhada qualidade de vida, com liberdade, autonomia e trabalhando com o que me dá satisfação.

Os ensinamentos que você vai encontrar neste livro vêm essencialmente da minha primeira fase de empreendedora, os primeiros quatro anos da minha primeira empresa, Mentora de Marketing[2], enquanto vivia em Portugal.

Não foi nada fácil no início e não tendo capital financeiro para investir, investimos o nosso próprio tempo, primeiro eu sozinha, o primeiro ano, e depois eu e o Adriano juntos. Mas quer saber? Mesmo com todos os desafios e momentos de quase desespero, o que me fez persistir no empreendimento foi encontrar finalmente um espaço de liberdade, de ser eu mesma, fazer as coisas do meu jeito, perseguir as minhas metas e ver o meu progresso.

---

[2] Disponível em: https://mentorademarketing.com

"No empreendedorismo, eu encontrei mais do que um salário, encontrei a mim mesma!"

O fato é que empreender não é uma vocação, como podem pensar. Não é nato. Não se apresenta como um desejo ardente da noite para o dia. Empreendedorismo pode ser um meio possível para exercer a sua forma de ser no mundo ou de realizar um sonho.

"Empreender é um meio possível para a autorrealização."

Exercício 1 – Descubra o que a sua história revela sobre você.

Faça uma retrospectiva da sua carreira até agora. Olhe para as diferentes experiências profissionais que você já teve e como cada uma delas refletiu em você — sensações, sentimentos e reações. O que você pode aprender sobre você a partir dessas experiências? E o que a sua experiência revela sobre o seu desejo de empreender?

_____

_____

_____

_____

_____

_____

_____

_____

_____

_____

_____

_____

Rafaela Sanzi

Empreender e ser empreendedor(a)

Existe uma grande confusão em torno do termo empreendedorismo, que já vamos desfazer. Você pode ter percebido, lendo portais de notícias, pesquisas de mercado e assistindo ao jornal que os termos empreendedor, empresário e administrador muitas vezes são utilizados como se fossem sinônimos, o que não é verdade.

É importante esclarecermos esses termos, já que viemos falando tanto em empreender e ser uma pessoa empreendedora e possivelmente você pode se tornar uma, se ainda não a é. Ser empreendedor(a) não significa que você também será empresária(o) e administrador(a). Confuso?!

Empreender, empreendedorismo e empreendedor

De longe, empreender, empreendedorismo e empreendedor (a) são os termos mais difíceis de encontrar uma definição clara. Até mesmo buscando artigos científicos e livros, é difícil ter total clareza. Ainda sim, o significado de empreendedor precisa ser diferenciado do termo administrador ou empresário.

Há uma definição disseminada na internet, cujo autor é desconhecido, que serve como um bom ponto de partida para entendermos quem é empreendedor: "Em uma visão mais simplista, podemos entender como empreendedor aquele que inicia algo novo, que vê o que ninguém vê, enfim, aquele que realiza antes, aquele que sai da área do sonho, do desejo e parte para a ação."

A pessoa empreendedora, como podemos ver, não está necessariamente associada a um negócio ou empresa com fins lucrativos, pode estar ligada a organizações sociais, desenvolvendo projetos pessoais ou até ser criadora de novos métodos, produtos, processos, sem estar em uma ou possuir uma empresa. O perfil empreendedor, em geral, é motivado pela autorrealização e pelo desejo de assumir responsabilidades e ser independente.

Qualquer pessoa pode ser considerada ou se considerar empreendedora, porque isso depende basicamente de características e comportamentos pessoais. Uma pessoa tipicamente empreendedora tende a tomar a frente em projetos e grupos, assume responsabilidades, tem sempre ideias do que fazer e como fazer. Isso pode acontecer na escola, na igreja, dentro de casa, no trabalho, no esporte, em atividades de lazer. Você se vê como uma pessoa empreendedora?

Quatro traços do perfil empreendedor

Já vimos que empreendedores possuem um conjunto de características que os diferenciam dos demais. Essas características não são genéticas, foram estimuladas e desenvolvidas ao longo da vida.

Na minha opinião, existem quatro traços principais que combinamos formam o perfil empreendedor. Posso dizer que quem apresenta esses traços tem alguma predisposição para ter o próprio negócio.

Um. **Sente-se no domínio da sua rota profissional.** Sabe onde quer ir, a empresa/instituição onde quer trabalhar, quanto quer ganhar. Muito frequentemente possui um plano para chegar onde deseja. Não quer dizer que seja um plano fixo, mas é um plano que vai se adaptando e atualizando, conforme as circunstâncias e desejos que vão surgindo.

Dois. **Vive fora da zona de conforto.** Não sofre com a mudança, muitas vezes provoca mudanças ao seu redor. É uma pessoa consciente que a sociedade hoje é muito mais dinâmica do que antigamente e que essa dinamicidade afeta diretamente a sua carreira. Aceita esse novo paradigma, é flexível e adaptável o suficiente para navegar nessas novas águas.

Três. **Reconhece os seus diferenciais.** Mesmo sabendo que não é perfeita, sabe quais são seus pontos fortes, valoriza suas experiências, identifica suas competências e utiliza-as para alavancar a sua carreira. Como ela faz isso? Identificando novas oportunidades de

trabalho compatíveis com as suas forças, sejam essas oportunidades de desenvolvimento, projetos pessoais, empregos, parcerias, novos negócios ou trabalhos autônomos.

Quatro. É pró-ativo(a). Não fica preso observando a vida passar, aproveita as oportunidades. No trabalho, faz mais e melhor do que aquilo que lhe foi pedido. Destaca-se por empregar uma alta energia na vida profissional, o que reflete em um desempenho superior aos seus colegas.

"Convença o seu maior aliado a empreender para vencer: VOCÊ!"

Exercício 2 – Liste as suas características empreendedoras.

Revise os traços do perfil empreendedor e reflita sobre si mesmo(a). Quais dessas características são evidentes em você e quais não são? Por quê?

_____

_____

_____

_____

_____

_____

_____

_____

_____

_____

_____

_____

_____

Rafaela Sanzi

Administrar, administração e administrador

Administrar, por outro lado, tem um significado mais claro e delimitado. Administração de empresas é uma formação acadêmica e uma profissão. Essa formação foi criada para capacitar as pessoas para gerir organizações que ganharam novas formas e dimensões após a revolução industrial.

Administradores têm domínio de conhecimentos, técnicas, métodos, ferramentas e práticas que os ajudam a gerir recursos da empresa: pessoas, dinheiro, máquinas e equipamentos, processos, produtos etc. A profissão foi regulamentada e é regida pelo Conselho Federal de Administração (CFA[3]). Administradores podem trabalhar tanto em organizações privadas como naquelas sem fins lucrativos, como ONGs e organizações públicas, por exemplo.

O que realmente molda a administração é a forma como se criaram os sistemas empresariais na sociedade capitalista contemporânea — sistemas de trabalho, hierarquia, legislação trabalhista, fiscal, civil, comercial. Muito diferente do empreendedor, o administrador não precisa ter uma característica ou perfil particular e o seu trabalho se restringe à gestão dos recursos — fazer o dia a dia da empresa acontecer. São fundamentais, justamente por isso.

São várias as áreas que o administrador estuda e é capaz de gerir na empresa: recursos humanos, marketing, finanças, operações, logística e estratégia são as mais comuns. Inclusive, se for uma empresa pequena, é capaz que assuma todas essas áreas ao mesmo tempo. O que um administrador não é capacitado para fazer são as atividades operacionais da empresa, por exemplo, se é uma loja, vender, se é uma fábrica de calçados, fabricar calçados, se é uma companhia de telefonia, consertar antenas, se é uma fazenda, plantar.

Enfim, administração é um trabalho de escritório, não de ponta de operação. Empreendedores que são também administradores têm vantagens em relação aos que não sabem nada de administração.

---

[3] Para mais informações, acessar https://cfa.org.br/.

Afinal, não saber como administrar os recursos da própria empresa pode pô-la em risco. O empreendedor, se não for um administrador, poderá se beneficiar muito em ter um funcionário ou consultor formado ao seu lado para assessorá-lo na melhor forma de executar as suas ideias visionárias.

Empresário(a) e sócio(a)

Essa também é uma palavra muito confundida. Em termos oficiais, a legislação brasileira considera empresária ou empresário a pessoa que exerce profissionalmente uma atividade econômica (de qualquer tipo: comercial, industrial ou de serviços) com um mínimo de organização e de forma individual, produzindo ou fazendo circular bens ou serviços e gerando lucro.[4]

Então, o empresário tem uma empresa, mas atua sozinho. Por isso, foi criada a forma empresarial Microempresário Individual (MEI). Entretanto, autorizaram que MEI pudesse também ter funcionários e estagiários.

Não são empresários os profissionais autônomos com formações intelectuais ou artísticas, pois esses não produzem ou fazem circular bens e serviços, são os médicos, advogados, artistas, dentistas, escritores, arquitetos, professores, tradutores e muitos outros.

Meus pais costumavam se intitular empresários, quando lhes perguntavam a sua profissão. Isso me causava confusão quando eu era criança, não entendia o que isso significava.

Meu pai e minha mãe eram sócios de uma loja de calçados no centro de Porto Alegre. Meu pai era o sócio-gerente, responsável oficialmente pela empresa, e assumia responsabilidades de gerente de compras, gerente de estoques. Já a minha mãe exercia atividades de gerente de recursos humanos e gerente financeira.

Eles chamavam-se empresários pelo significado que o termo é popularmente conhecido, mas na realidade eles eram sócios e gerentes de uma loja de calçados. Quem era empresário era uma senhora que

---

[4] Empresário: tudo sobre a profissão no Portal Quero Bolsa. Disponível em: https://querobolsa.com.br/carreiras-e-profissoes/empresario. Acesso em: 11 jan. 2022.

tinha uma banca de sorvetes móvel em frente à loja e trabalhava ela mesma fazendo e vendendo sorvetes. A senhora dos sorvetes, sim, era uma típica empresária e MEI.

Popularmente, entende-se que empresário(a) é responsável por dirigir e administrar essa empresa, buscando a obtenção de lucro, é quem toma as principais decisões de sua empresa e é capaz de desempenhar diversas funções necessárias para o seu funcionamento. Mas agora você já sabe que essas funções podem não ser de um empresário, podem ser de um presidente, diretor, gerente ou qualquer funcionário da empresa em um cargo de liderança.

Muitas vezes, os "proprietários" da empresa, quando são organizações de grande porte, não gerem a própria empresa. No máximo, participam de um conselho de gestão para tomar algumas decisões mais importantes. Mas a maior parte das decisões e gestão é feita pelo quadro de funcionários líderes.

Confuso? Sim, muito. A linguagem popular muitas vezes não corresponde ao significado oficial e, por isso, saber navegar em ambas linguagens é super útil para nós empreendedores. Além disso, compreender as diferenças desses termos — empreender, empresário e administrar — já coloca você em uma melhor posição para iniciar um negócio. Agora que a confusão foi eliminada, podemos focar no que realmente importa e a razão do porquê você escolheu este livro.

Viva essa aventura com liberdade e autonomia

A maioria das pessoas não se dá conta do arsenal de tarefas, responsabilidades e capacidades que um empreendedor tem de ter para vencer.

Imagine que você é funcionário(a) de uma empresa de traduções. Toda semana a sua chefe entrega uma pilha de materiais para você traduzir. Você faz o seu trabalho e devolve os materiais para que ela eventualmente revise e envie para o cliente. Nesse caso, o seu trabalho, em grande parte, limita-se à sua mesa e a lidar com apenas uma pessoa, a sua chefe.

Você pode não ter ideia do que aconteceu para aquele trabalho chegar à sua mesa ou depois que ele foi entregue, porque todas essas atividades são responsabilidade de outras pessoas na empresa de tradução.

Mas se você for trabalhar sozinho(a), tudo isso ficará por sua conta, por exemplo:

- a empresa de tradução é facilmente encontrada no Google;
- publica nas redes sociais três vezes por semana;
- investe em propaganda no Google e no Facebook;
- faz o atendimento telefônico;
- faz reuniões com potenciais clientes;
- negocia e vende os serviços;
- elabora, assina e armazena contratos;
- emite notas fiscais;
- faz o controle financeiro de recebimentos e pagamentos;
- atende e recebe feedback do cliente;
- cobra valores em haver do cliente;
- cria novos serviços;
- estipula preços;
- participa de eventos para divulgar a empresa;
- e muito mais...

Tudo isso poderia acontecer nos bastidores de uma empresa de tradução, sem que o tradutor perceba o que acontece!

Isso quer dizer que, quando você passa a trabalhar por conta própria, prestando serviços diretamente a pessoas ou a empresas, terá de fazer você mesmo todas essas atividades. Já imaginou?! Então, é claro que será útil você entender de administração para o seu negócio decolar.

Conhecimentos de administração mais a sua formação mais as qualidades da(o) empreendedora(or) são a combinação perfeita para criar um negócio. A sua formação é o que você já tem domínio e experiência, então nós vamos lhe mostrar aqui o equipamento completo de empreendedorismo e administração para adicionar na sua bagagem rumo à liberdade.

Prepare o mochilão, a viagem vai começar!

Então, você já sabe que são dois os tipos de equipamentos que nós vamos precisar nesta viagem. Equipamentos de empreendedorismo, que também vamos chamar de **mentalidade** ou *soft skills*, e equipamentos de administração, que também vamos chamar de **conhecimento** ou *hard skills*. Nenhum deles "vêm de fábrica", devemos ir adquirindo ao longo da vida.

A administração, embora possa ser um mundo novo para você, é a parte mais fácil, porque são **conhecimentos** e estão à disposição de qualquer um basta **estudar**. Os conhecimentos essenciais você já encontra neste livro, também encontrará materiais de estudos de alta qualidade na internet. Outra forma de estudar, como você já sabe, é por meio de cursos, treinamentos e workshops.

O segundo tipo de equipamento é relativamente mais difícil de adquirir, porque se refere a qualidades subjetivas, ou seja, **mentalidades empreendedoras desejáveis**. Uma mentalidade não se estuda, se desenvolve, não basta saber do que se trata, é preciso praticá-la para incorporá-la em si mesmo. Você notará, assim que avançarmos, que já está equipado(a) com uma porção delas! Eventualmente, as mentalidades que você ainda não tem podem ser desenvolvidas ou contornadas com outras habilidades e recursos internos.

Uma observação antes de abrirmos o mochilão: não se preocupe em ter todos os conhecimentos e mentalidades. A ideia de apresentar aqui esse conjunto é para lhe nortear e não assustar, muito menos paralisar o seu sonho de empreender.

"Nunca estaremos 100% prontos para a vida."

É importante ter consciência das nossas forças e das nossas lacunas e estar continuamente buscando estarmos mais preparados, isso, sim, é importante. Mas parte da bagagem vamos adquirindo pelo próprio caminho.

Na jornada empreendedora em direção ao seu sucesso, estes são os equipamentos que eu recomendo: 14 *soft skills* ou habilidades mentais + 15 *hard skills* ou conhecimentos de gestão. Olhe bem para a imagem e, antes de começar a criar desculpas mentalmente, repita para você mesmo a frase abaixo.

Você quer, você pode!
A magia da transformação do seu sonho em
realidade começa por uma simples ideia
"EU QUERO"
e se completa quando você acredita
"EU CONSIGO!".

Imagem 1 – O mochilão empreendedor de sucesso

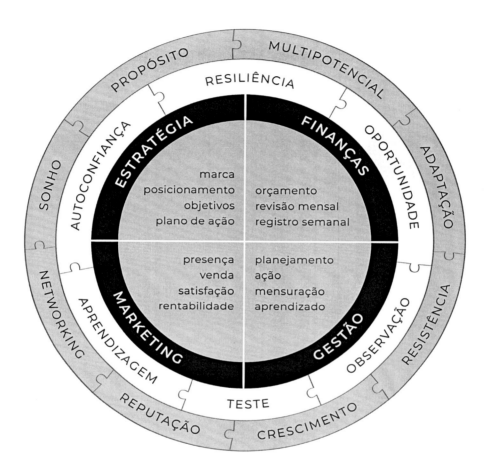

Autora Rafaela Sanzi, ilustradora Giandra Santos.

As 14 mentalidades do empreendedor de sucesso

Imagem 2 – 14 Mentalidades do empreendedor de sucesso

Autora Rafaela Sanzi, ilustradora Giandra Santos.

SONHO: viva a linda capacidade de sonhar

Ter objetivos práticos, mensuráveis e realistas faz parte da rotina de quem empreende. Eles nos fazem avançar pouco a pouco, dia a dia, e ajudam-nos a não ficar estagnados ou na zona de conforto. Mas o que faz toda a diferença no médio prazo é **ter um grande sonho**, pois os sonhos alimentam as nossas forças para vencer os momentos mais difíceis da jornada.

O desejo de desistir irá aparecer, não só uma vez, mas inúmeras vezes. Mas ele vai passar se tivermos um sonho para realizar.

Sonhos são centenas de vezes maiores do que objetivos. Pegando um exemplo básico, um sonho é comprar a casa própria, em contrapartida, um objetivo é comprar um novo sofá. Você poderá facilmente desistir do sofá ou decidir que o seu sofá atual está até bom e que não vale a pena o esforço para comprar um novo. Quanto à casa própria, a importância que ela ocupa na sua mente é tão grande que se transforma em um combustível para você continuar a percorrer a estrada empreendedora, mesmo se furar um pneu, mesmo se pegar a rota errada e tiver de retornar uma dezena de quilômetros.

> **"Sonhar é o melhor combustível para a viagem empreendedora."**

O sonho de viver na Europa foi o que me fez criar uma agência de marketing digital — meu próprio negócio. Para ter uma noção de tempo, esse sonho levou quatro anos para ser completamente realizado, desde o planejamento de migração até a mudança para Portugal, poder viver com a qualidade de vida que eu desejava e fazendo do meu negócio uma fonte renda.

Acredito que você já tenha pegado a ideia do que é um sonho e o quanto ele tem um papel importante no desejo de empreender.

Exercício 3 – Registre qual é o seu sonho.

PROPÓSITO: descubra o seu propósito de vida

Falamos sobre objetivos, sobre sonhos e agora entra o propósito de vida. Tudo é uma questão de tempo e de grau de importância. Enquanto objetivos podem ser realizados em meses, sonhos em anos, propósitos são para a vida ou para grandes fases da vida, décadas, quem sabe.

Boa parte da nossa vida não temos clareza do nosso propósito e eu acredito que isso se deve à nossa falta de maturidade ou autoconhecimento. Por outro lado, há pessoas que desde cedo já se vêm tendo um propósito, desejam salvar vidas, por exemplo, salvar o planeta, ajudar pessoas em situação de vulnerabilidade.

"O sentido de propósito vem da alma."

Ter clareza do seu propósito não é tarefa fácil. Não é algo que se possa definir em um exercício de cinco minutos com papel e caneta. É o próprio propósito que se revela para nós. Se quiser saber o seu propósito, comece pela pergunta: **o que a sua alma pede?** E deixe a resposta se revelar aos poucos.

Dica: fuja das respostas marqueteiras e do tipo "falso altruísmo" — "Ajudar as pessoas a descobrirem o seu propósito", "Ajudar as pessoas a terem liberdade financeira", "Ajudar as pessoas a [...]". Esse tipo de declaração de propósito diz mais sobre o que você quer para você mesmo do que para os outros.

Seja legítimo e verdadeiro. O seu propósito não precisa estar estampado por aí. Propósito é tão pessoal quanto os seus sonhos. Está tudo bem se o seu propósito não for altruísta, o importante é que seja algo sobre você.

A minha alma anseia por liberdade — **a minha liberdade**. Eu quero profundamente me sentir livre em todas áreas da minha vida: viver fora do país, criar o meu próprio emprego, publicar as minhas ideias, conhecimento e opiniões, liberdade para ser, ter e estar, quem, o que e onde eu quiser. Esse propósito de liberdade vem se revelando nos últimos anos — na prática e no exercício da própria liberdade que venho criando.

Portanto, está tudo bem se você não souber qual é o seu propósito de vida. Isso não vai lhe impedir de empreender ou de realizar os seus sonhos. E caso você tenha um propósito de vida claro e o seu projeto profissional está diretamente relacionado a esse propósito, você certamente estará abastecido(a) com o melhor combustível possível.

Exercício 4 – Registre qual é o seu propósito.

MULTIPOTENCIAL: explore a sua multipotencialidade

Multipotencialidade é um termo novo para algo que sempre existiu. E é poderoso atribuirmos um nome para um comportamento, mesmo quando ele não é novidade.

A palavra multipotencialidade vem sendo usada no século XXI para identificar pessoas que têm vários interesses, que desenvolvem diversas competências e, por isso, tendem a não se ater a uma única carreira ao longo da vida. Pessoas multipotenciais podem mudar várias vezes de profissão, atuar em diferentes áreas ao mesmo tempo ou combiná-las, criando algo.

> **"Quando somos multipotenciais, as ideias são tantas que não conseguimos conter-nos a ter apenas um projeto."**

Sinais de que você é um profissional multipotencial

Há dois ângulos por meio dos quais podemos ver a multipotencialidade: como ela se manifesta em quem não empreendeu (ainda) e como ela se manifesta em quem já empreendeu.

Multipotencialidade pré-empreendedora

- Muitos projetos iniciados, poucos finalizados.
- Curiosidade e vontade de aprender.
- Variados interesses sem interconexão.
- Perda de interesse por algo que você sempre foi bom.
- Dificuldade ou medo na escolha da carreira.
- Imaginar-se frequentemente em outra profissão.
- Vontade de fazer coisas novas, voluntariamente.

Multipotencialidade empreendedora

- Desejo de criar produtos e serviços.
- Alianças com profissionais/empresas.
- Múltiplos negócios.
- Dificuldade em ter apenas um objetivo.
- Múltiplas fontes de rendimento.
- Exercita e desenvolve novas competências em projetos voluntários.
- Vontade de transformar sua empresa constantemente.

Relato da minha experiência em transição: de pré-empreendedora a empreendedora

Desde o momento que me percebi como empreendedora, eu estava envolvida em múltiplos projetos simultâneos. Tudo começou quando eu ainda trabalhava como consultora de inovação, mas já ventilava a ideia de empreender e emigrar. Naquela época, eu tinha uma meta de vender um curso de inovação da consultoria.

Eu poderia ter seguido pelo caminho conhecido para a divulgação do curso, enviado alguns e-mails, feito alguns anúncios nas redes sociais, mas não. Eu optei pela ideia arrojada de fazer um tipo de lançamento totalmente novo, o qual eu não tinha nenhum domínio, porque eu queria fazer mais, fazer diferente e me desenvolver. Essa escolha me levou a trabalhar o dobro de horas. À noite, estudava o modelo de lançamento e de dia, aplicava o que tinha aprendido no lançamento do curso. Nos finais de semana, no meu próprio quarto, com os recursos que eu tinha, eu gravei os vídeos para o lançamento.

O meu esforço foi brutal. O mais engraçado é que nada disso havia me sido solicitado. Eu agi como intraempreendedora, criando um projeto paralelo de estudos, que mais à frente serviria para o início da minha empresa de marketing digital. E isso foi só o início.

Logo que eu terminei esse lançamento do curso de inovação, com sucesso, fechando a primeira turma presencial, criei um projeto paralelo ao trabalho na consultoria. Além das 44 horas semanais, eu trabalhava mais 2 a 3 horas por dia, mais finais de semana, para criar, gravar e lançar o primeiro curso on-line da minha irmã, sem nenhuma remuneração, pelo contrário, eu que estava investindo.

Eu posso dizer que, apesar de não ter tido retorno financeiro nesse projeto, **a satisfação e a energia** que eu senti excederam o dinheiro que eu poderia ter ganhado. Esse foi o segundo projeto paralelo de marketing, mas o primeiro totalmente autônomo, usando apenas da **coragem**, **intuição**, **determinação** e do pouco conhecimento que eu havia reunido até ali para fazer o lançamento de um curso on-line.

> **"Ser multipotencial é sentir-se inesgotável.**
> **É sentir não caber em um único projeto.**
> **É transbordar potencial."**

Às vezes, ser multipotencial pode causar sensações incômodas e não sabemos como lidar com essa característica. Então, separei alguns conselhos sobre como lidar com isso nos momentos mais difíceis.

Por isso, desde então, eu sempre tenho desenvolvido projetos adicionais ao trabalho pelo qual sou remunerada.

A seguir, estão alguns dos projetos que eu desenvolvi pelo simples fato de querer fazê-los e sem contar com remuneração imediata:

- criação de um blog de receitas chamado Jovem Gourmet;
- criação de uma consultoria de marketing chamada Dinâmicca em parceria com uma amiga de colégio;
- criação de um negócio on-line composto por 3 cursos on-line e 3 minicursos gratuitos na área do desenvolvimento pessoal em parceria com a minha irmã;
- desenvolvimento de um conjunto de e-books e estratégia digital na área da inovação em parceria com uma consultoria em Portugal;

- criação de um Kit Planeje suas Mídias Sociais em parceria com a minha antiga sócia da Dinâmicca;
- criação do negócio Mulheres de Alma Empreendedora em sociedade com a minha irmã;
- escrita deste livro;
- criação do curso on-line Crie seu Curso On-line em 40 dias;
- criação do curso on-line Mídias Sociais Bem Planejadas;
- criação do curso on-line *Be Yourself* – Marketing de autenticidade para empreendedoras;
- criação do meu próprio canal no YouTube e do meu próprio blog;
- a lista segue...

Esses são alguns exemplos de que tipo de projetos já ocorreram na minha breve história profissional até agora. Todos eles estão relacionados com a área do marketing digital e com as minhas paixões.

8 Conselhos para lidar com sua multipotencialidade

#1 Faça uma lista de todas as ideias e projetos que deseja fazer.

#2 Sinta qual das ideias você tem maior motivação para colocar em ação.

#3 Entenda qual é a recompensa que está por trás de cada projeto

#4 Crie uma lista de tarefas para a ideia que escolheu fazer.

#5 Aprenda a lidar com a interrupção de um projeto como uma pausa, não como um fracasso.

#6 Não é preciso fazer tudo ao mesmo tempo.

#7 Comemore e crie seus rituais de celebração quando concluir um projeto.

#8 Não dê ouvidos ao que os outros dizem.

Para finalizarmos esse tema, queria enfatizar que ser multipotencial não é propriamente uma habilidade a ser desenvolvida, é uma característica. Também não é algo nato, pelo menos não foi para mim. É uma vontade pessoal que se manifesta em nós em alguma altura da vida, devido a uma conjuntura particular. Para mim, ela se manifestou justamente quando eu me percebi empreendedora.

Note se você já se percebe como multipotencial, mas não se assuste se não se perceber assim. Apenas tenha consciência e continue atento(a) a si mesmo. Quando ela se manifestar, você saberá!

Tabela 1 – Ferramentas úteis para organização de ideias

Novidades Digitais	Clássicos que não saem de moda
• Aplicativo Notas ou Bloco de Notas • Aplicativo Gravador de voz • Aplicativo Google Keep • Aplicativo Notion	• Caderno de ideias • Mural de visualização • Post-its na parede

Autora Rafaela Sanzi

Exercício 5 – Organize as suas ideias empreendedoras

Você já tem projetos pessoais ou profissionais em andamento no momento? Tem algum que não iniciou e deseja muito realizar?

_____

_____

_____

_____

_____

_____

_____

_____

_____

Mochilão do Empreendedor de Sucesso

ADAPTAÇÃO: adapte-se e reinvente-se, camaleão!

Somos seres adaptativos. Uma prova dessa capacidade foi a pandemia Covid-19 que enfrentamos em 2020 e 2021. Nunca alguém teria previsto que nós ficaríamos em casa, sem contato social, comércios e escolas encerradas e passaríamos grande parte da nossa rotina para o ambiente digital.

Não digo que foi fácil, isso certamente não foi. Cada um de nós, uns mais do que outros, sofreu com a mudança abrupta. Mas o fato é que nos **adaptamos**.

Estamos biologicamente preparados para a adaptação e sobrevivência. Essa característica tem grande valor para os empreendedores, pois vivemos em um ambiente instável e em constante mudança.

> **"O mundo muda, o mercado muda, os consumidores mudam, nós mudamos junto para que o nosso negócio prospere."**

Além da adaptabilidade, a capacidade de se reinventar é fundamental para quem cria e gerencia o próprio negócio. Se reinventar não significa ter a vontade de mudar tudo o que fazemos, como fazemos, o tempo todo. Nós podemos resistir, em um primeiro momento.

O cenário de repente mudou para os escritórios de contabilidade que costumavam ir buscar a pasta de documentos em mãos mensalmente na empresa do cliente. E se já não podemos nos tocar e se o risco de contaminação também está nos materiais físicos? E se já não há tantos clientes potenciais na localidade? Os escritórios de contabilidade tornaram-se digitais — toda a transferência de documentos hoje se faz por e-mail ou por pastas compartilhadas através da internet. Duvido que tenha sido fácil. Muitos processos de trabalho modificaram-se e demandaram de os contadores desenvolverem novas habilidades e aprenderem novas ferramentas de trabalho.

Aliás, para a contabilidade, a mudança tem sido constante nas últimas décadas. O governo muda a forma de receber a prestação de contas das empresas, muda impostos, muda leis trabalhistas, fiscais, tudo muda para o escritório de contabilidade. Agora mais isso... vamos ser digitais também.

Quanto mais rápida for a capacidade de se adaptar ou se reinventar, menos prejuízos a sua empresa sofre e maiores as chances de ela sobreviver empreendendo e, quem sabe, crescer. A adaptabilidade joga a favor dos seus resultados. Treine-a, torne-se expert em se reinventar. A resistência à mudança irá diminuir até desaparecer completamente da sua vida.

Note: a capacidade de se adaptar deve ser treinada e ampliada em âmbito pessoal para se refletir também nos negócios. Afinal, como seres humanos, somos um só. Para começar, escolha um caminho novo para chegar a um lugar habitual, faça compras em um mercado que nunca foi, experimente uma culinária diferente. Cada passo contribuirá para você se testar: como reage? Que nível de resistência se apresenta? Por quanto tempo você permanece resistindo à mudança?

Por outro lado, procure manter um equilíbrio. O excesso de mudança e uma alta exigência adaptativa por um longo período gera um estresse prejudicial à nossa saúde mental. Adaptabilidade balanceada com breves períodos de estabilidade faz bem, é positiva para nós e acaba por ter reflexos positivos em nossas empresas.

Exercício 6 – Reconheça a sua habilidade de adaptação

Reflita e registre momentos que a vida lhe obrigou a se reinventar e adaptar-se e você se saiu bem! Reconheça e celebre a sua habilidade de adaptação.

Rafaela Sanzi

PERSISTÊNCIA: enfrente e supere os piores momentos

Persistência, essa é uma qualidade que eu só aprendi depois dos 30 anos. Cada um de nós é diferente e pode ser que você não seja nada como eu. Nos primeiros 15 anos de carreira, tudo que eu buscava era "o próximo desafio", "a próxima aventura". Eu provocava interrupções, forçava a mudança acontecer — pedia demissão, mudava de empresa, de atividade, ia estudar uma área nova. Não era boa nisso de ser persistente. A minha carreira era uma montanha-russa... Até que a vida me fez aprender a ser persistente.

Empreender não foi a única coisa na minha vida que fez eu mudar de atitude com a minha carreira, foi a soma de começar o meu próprio negócio lutando para sobreviver em outro país e desejando com todas as minhas forças conseguir. Migrar e empreender no estrangeiro ao mesmo tempo traz consigo um iminente perigo — não há plano B, não há família para apoiar, não há outra casa para correr se tudo der errado, a única opção é arcar com as responsabilidades e com o custo que implica existir em outro país.

A minha persistência começou a nascer daí — avaliando as opções, analisando o progresso do meu negócio. Ano após ano eu notei os avanços — o número de clientes aumentava, a minha remuneração aumentava, os *feedbacks* eram positivos. Seria fácil continuar se fosse olhar por aí, mas o fato é que o que eu ganhei nos primeiros anos mal era suficiente para contribuir com as despesas essenciais da casa. Era difícil ver se estava no caminho certo, quando ainda não havia resultados para confirmar isto.

No que eu me agarrei, então, para continuar? Agarrei-me na crença que esse esforço vale a pena para conquistar a minha liberdade.

Liberdade é uma das palavras mais poderosas que eu conheço. Nela, cabem tantas variedades de liberdade — liberdade financeira, liberdade de expressão, emocional, de pensamento, geográfica etc.

Apesar de tão importante, essa é uma qualidade que raramente temos acesso atualmente, com toda a teia de compromissos, relações, modos de ser, se comportar, de trabalhar, de se relacionar — a liberdade parece estar fora de alcance.

Não está fora de alcance. Na minha jornada, entendo o empreendedorismo como uma forma de liberdade e de alcançar outras formas de liberdade. Em termos financeiros, a grande vantagem que alimenta a minha persistência é poder construir o meu próprio salário — planejar e decidir os próprios aumentos salariais — e, mais do que isso, poder alcançar um valor de salário acima do que qualquer emprego me ofereceria.

Tenho certeza de que concordamos que a vida é cara. Ter controle sobre quanto ganhamos é uma liberdade especialmente valiosa. Além disso, ao contrário do que muitos pensam, o empreendedorismo pode trazer maior estabilidade do que ser empregado de uma empresa.

Persistência e confiança na própria competência — aliada aos outros recursos que estamos colocando na sua mochila — são pilares que constroem **negócios sólidos e dinâmicos — adaptáveis para sobreviver e crescer.**

Em termos geográficos, a liberdade também é essencial para mim. Vivendo em outro país, em cidades que eu não conhecia, sem capital financeiro para poder escolher exatamente onde morar, ficamos à mercê de morar onde surgisse a oportunidade de alugar um apartamento mais barato. Na verdade, nem a cidade, nem o país eu tinha certeza de que queria permanecer. Quando cheguei em Portugal, eu estava me sentindo insegura se esse era o lugar certo. Então, o que eu fiz? Criei uma estratégia que me deu mobilidade — trabalhar por conta própria em uma atividade que se pode fazer a distância: consultoria, mentoria, planejamento, análise e produção de materiais de marketing. Se eu precisasse ou quisesse mudar de cidade, por exemplo, bastava fechar meu laptop e abrir de novo em outro lugar.

Eu nunca quis ser persistente, mas passei a ser persistente quando eu percebi que tinha algo muito valioso a ganhar e isso para mim foi LIBERDADE. E para você, que espécie de liberdade pode ser a pedra filosofal da persistência para continuar com o seu próprio negócio, apesar de todos os desafios que seguem?

Exercício 7 – Reconheça o grande motivo de persistir

Que estímulo será tão importante para você persistir com o seu próprio negócio durante os momentos mais difíceis continuar?

_____

_____

_____

_____

_____

_____

Quais outros estímulos podem te ajudar a persistir?

_____

_____

_____

_____

_____

_____

_____

_____

CRESCIMENTO: desperte o desejo intenso de ser cada vez melhor

Pessoas inquietas e informadas são prováveis empreendedores. Empreendedorismo e esportes assemelham-se em uma coisa, pelo menos, os empreendedores e os esportistas perseguem constantemente a melhoria de sua performance. Veja o exemplo de um nadador que todos os dias busca aperfeiçoar seus movimentos para ser pelo menos um milésimo de segundo mais rápido do que no dia anterior. Ele trabalha a própria mente para estar em constante crescimento. Assim, quando se encontra em situações que requerem mais energia, como após uma derrota ou uma lesão, ele consegue continuar treinando para buscar o melhor resultado.

"Empreendedorismo é o motor das pessoas inquietas".

Nós, empreendedores, também desejamos a nossa constante melhoria. Não queremos estar parados. Não queremos sermos os mesmos todos os dias. Por que ser o mesmo, se podemos ser melhores?

Esse desejo intenso pelo crescimento pode ser encontrado sob múltiplas formas: na ambição por ganhar mais, no aumento do impacto da empresa, na contribuição para a sociedade, na prestação de um serviço cada vez mais qualificado, no desejo de melhorar a si como pessoa (seus hábitos, comportamentos, conhecimentos) e na vontade de sentir mais realização e felicidade.

Falta-nos responder ainda a uma questão que se coloca no título desta seção: "desejo intenso por ser cada vez melhor" comparado a quê? Poderá desejar ser melhor do que os outros, mas esse não será um motivador saudável. A direção mais positiva que podemos dar para o desejo de se sentir melhor é em relação a si mesmo. Quem tem o ímpeto de comparar-se apenas consigo mesmo é quem alcança os mais elevados patamares de evolução pessoal e, arrisco dizer, de realização.

Como eu posso ser melhor do que fui ontem?

Como eu posso prestar um serviço melhor do que o último que eu prestei?

Como eu posso ser mais prestativa(o) às pessoas que me cercam?

Essas são algumas das questões que poderão guiar-lhe no caminho da melhoria contínua pessoal.

Exercício 8 – Identifique o que motiva você a buscar o crescimento

Anote os seus *insights* sobre o que te faz crescer.

_____

_____

_____

_____

_____

_____

_____

_____

_____

_____

_____

_____

_____

_____

REPUTAÇÃO: construa um bom Karma

Deixe boas lembranças nas pessoas, cause impressões positivas, zele pela sua reputação. Você já ouviu isso? "A melhor propaganda é o boca a boca". Isso significa que a indicação é a melhor propaganda que podem fazer sobre você. Isso é senso comum e é a pura verdade.

Não quer dizer que você deve viver de indicações e não mexer um dedo para divulgar o seu negócio... (vamos falar sobre estratégias que você deve utilizar para crescer, no capítulo sobre marketing). Mas a propaganda boca a boca é conhecida como a melhor, porque é a que traz as vendas mais fáceis.

Indicações são vendas fáceis, porque quem indicou confia no seu trabalho e quem recebeu a indicação tende a confiar em você, mesmo sem te conhecer ainda. É doido, não é? O fato é que confiança é algo que se transmite e se passa de pessoa para pessoa.

Veja um exemplo real. A minha cliente Rita adora como poupamos tempo fazendo publicações nas redes sociais dela. Ela é nossa fã número 1, já é minha cliente na agência há mais de 2 anos. Por isso, a Rita confia muito em mim e frequentemente está comentando com conhecidos quão fabuloso é o trabalho que fazemos. Soa natural quando ela faz "propaganda" sobre nós, nitidamente dá para "sentir" que ela confia.

Ana ouviu Rita falar bem de nós em pelo menos duas ocasiões diferentes e nesse momento ela está procurando ajuda para gerir as redes sociais da clínica onde trabalha.

"Se a Rita está com eles há 2 anos e os elogia tanto, eles devem ser bons mesmo!" Isso é o que passa na cabeça da Ana e é o que tende a passar na cabeça da maioria das pessoas que procuram uma empresa, porque foram indicadas.

Vê só, quando a Ana vem me pedir uma proposta de gestão de redes sociais, já está convencida de que eu sou a melhor opção para ela. Somente se ela não tiver como investir o valor que eu pedir ou o "nosso santo não bater", é que eu não fecho essa venda, mas nós fechamos, sim, essa venda e a Ana já é nossa cliente há 2 anos agora.

Isso é o que faz o boca a boca ser tão bom. É também o motivo pelo qual você deve se esforçar tanto e fazer um trabalho de EXCE-LÊNCIA, construindo uma reputação dignificante, para receber cada vez mais indicações.

Você deve estar diariamente construindo uma boa reputação. Cada serviço prestado é uma oportunidade para encantar o cliente, fortalecer a confiança e construir relações de longo prazo.

> **"Fazer um trabalho acima da média é o caminho mais certo para o sucesso."**

O bom trabalho é o caminho certeiro para o seu sucesso por vários motivos. Primeiro, porque o trabalho bem feito faz clientes satisfeitos e clientes satisfeitos recomendam. Isso já deve estar claro como água agora.

Segundo, fazer um bom trabalho contribui para nos tornarmos mais persistentes e perseverantes na caminhada empreendedora. Quando fazemos um trabalho excepcional, acabamos por receber elogios e esses *feedbacks* positivos são ouro quando estamos vivendo momentos de dúvida, medo e insegurança.

Quando eu passo por esses momentos difíceis, em que tudo parece estar caindo sobre a minha cabeça, estou duvidando da minha capacidade e pensando seriamente em largar tudo, desistir de ser empreendedor e procurar um emprego fixo... Eu lembro daqueles super elogios de clientes:

"Rafa, como você é organizada!"

"Rafa, nunca alguém havia me ajudado a tomar decisões, obrigada!"

"Rafa, estou olhando o relatório que me enviou por e-mail. Estou sem palavras com os resultados que conseguimos juntas!"

Isso dá força para gente continuar, por isso, fazer um bom trabalho de forma indireta nos torna mais perseverantes.

Construir uma boa reputação vale cada minuto investido. De uma forma ou outra, seremos recompensados — seja por ter clientes batendo à porta, seja por expandirmos a nossa persistência.

Esses não são os únicos motivos pelos quais você deveria se preocupar com a sua reputação. Fazer um trabalho medíocre, esforçar-se pouco, oferecer serviços de baixa qualidade é o caminho para o **fracasso**.

Notícia ruim chega rápido. Conhece essa?

No mercado consumidor, isso funciona assim: clientes insatisfeitos tendem a reclamar muito mais do que clientes satisfeitos tendem a elogiar em público.

A "má fama" se instala por completo quando os consumidores passam a ouvir críticas de mais do que uma pessoa. A notícia de que o profissional é ruim vai passando de uma opinião individual e vai se tornando uma "verdade". No ponto que se torna uma verdade na mente das pessoas, não tem mais volta.

Zele pelo seu nome. Zele pela qualidade dos produtos e serviços que você entrega para os seus clientes. Pense no lucro ou no prejuízo que isso pode lhe causar daqui um tempo.

E se você pensa que alguma jogada de marketing pode salvar o seu nome, não se engane! Nenhuma estratégia de marketing, por mais engenhosa que seja, pode salvar a reputação de um profissional que simplesmente não é bom! O mesmo vale para produtos de baixa qualidade que causam frustração nos clientes.

"Nenhuma artimanha de marketing consegue salvar uma empresa incompetente!"

Nenhuma estratégia de marketing que envolva *mentir* se sustenta a longo prazo. Uma tarefa de marketing é criar expectativas nos consumidores, para que eles se sintam impelidos a comprar.

Por exemplo, quando afirmamos em um *post* nas redes sociais que somos melhores do que a concorrência, o cliente acredita, "paga pra ver" e nós não cumprimos a promessa, é frustrante e perigoso. É muito perigoso criar expectativas que não são saciadas. O resultado de iludir clientes é formar uma comunidade de **haters** — pessoas que difamam a marca aos quatro ventos. Não é para isso que entramos nessa difícil jornada empreendedora, não é?!

Então, não esqueça, **fazer um bom trabalho é a premissa de um negócio de sucesso**. Estar preocupado, zeloso pela qualidade do trabalho, isso é que faz uma empresa de sucesso no longo prazo. Nenhum empreendedor que era apenas ganancioso foi vitorioso a longo prazo.

Ter uma boa reputação é resultado de uma dedicação diária — é como construir uma casa, tijolo por tijolo. Leva uma vida inteira para uma boa reputação e um resvalo para destruí-la.

Começamos a construir a nossa reputação profissional lá na época da faculdade, depois nos primeiros estágios, com os primeiros colegas, primeiro chefe. No primeiro, segundo emprego, durante o percurso empreendedor, junto aos nossos colaboradores, fornecedores, parceiros.

Tudo isso são pecinhas de reputação que nós vamos acumulando na nossa vida. Enquanto prestadores de serviços, é o nosso nome que vem na frente do nome da empresa e é a nossa reputação pessoal que é transmitida para qualidade percebida dos serviços da empresa.

> **"Ao invés de perseguir o sucesso rápido, persiga o sucesso duradouro."**

Perseguir o sucesso rápido é tentar encontrar atalhos como abrir um negócio porque parece estar na moda, porque dizem que tem muita demanda, porque outras empresas estão faturando muito naquele ramo. É muito provável que você não sinta uma intensa paixão por uma empresa que você abriu por esses motivos. É mais provável ainda que você não se esforce por ser excelente em algo que você não ama.

Ao invés disso, escolha trabalhar com o que você ama e não precisará se preocupar se está fazendo um trabalho de qualidade, porque a excelência será uma consequência natural. Esse é o caminho que eu desejo para você.

Exercício 9 – Anote suas ideias sobre como aumentar a sua reputação.

NETWORKING: conecte-se com pessoas e amplie a sua rede

Uma vez que uma empresa é feita de pessoas e para pessoas, as relações sociais têm um papel determinante na velocidade em que um negócio progride. Por isso, eu acredito que uma das coisas que mais pode acelerar o seu crescimento é contar com uma ampla rede de contatos e conhecer as pessoas certas.

É verdade que a teia de relações sociais de uma pessoa é construída ao longo da sua vida. Desde a infância até o momento presente, fomos criando e fortalecendo relações com pessoas que consideramos especiais.

Então, agora, você já deve ter uma coleção de contatos extensa e bastante interessante para iniciar o próprio negócio. Essas relações, mesmo que não sejam profissionais, sejam apenas amizades e familiares, por exemplo, serão úteis na sua estratégia de comunicação inicial.

Mas não vamos parar por aqui. A partir do momento em que você inicia o seu empreendimento, o seu olhar sobre ampliar a rede de contatos muda e ganha uma nova abordagem. Você deve desenvolver uma perspicácia em identificar potenciais novas relações que podem transformarem-se em negócio.

Em contextos profissionais, por exemplo, eventos, formações e nas redes sociais, você terá oportunidade de conectar-se e conhecer outros empreendedores e profissionais que trabalham para empresas que podem se tornar seus clientes, fornecedores ou parceiros.

"Acredite no poder do networking, mas não invista demasiado tempo nele, pois pode ser frustrante."

Invista o tempo certo no desenvolvimento de novas relações. Não se perca tentando conhecer o maior número de pessoas possível, porque não vale a pena. Agir como uma metralhadora ambulante, querendo conhecer todo mundo à sua volta, só vai lhe trazer uma lista enorme de nomes e telefones que não servem para nada. Além disso, será muito improvável de você lembrar de cada um — e eles lembrarem de você pelo pouco tempo que estiveram conversando. Pessoas cujo contato foi de apenas cinco minutos têm pouquíssima chance de transformar-se em uma oportunidade de negócio ou em uma relação de longo prazo.

Quanto ao tempo investido em cada relação, lembre-se de que qualidade é mais importante do que quantidade. Ao definir o perfil do seu cliente ideal e estabelecer planos de crescimento onde parceiros específicos serão importantes, você será assertivo em investir em conhecer as pessoas certas.

O tempo e a qualidade são fundamentais no *networking* que gera resultados, porque um bom *networking* desenvolve relações de confiança e apenas a confiança possibilita o que você busca: a venda de produtos e serviços, contratos vantajosos com fornecedores, colaboradores e parceiros.

Exercício 10 – Liste ações de networking que você pode realizar.

Que ações de *networking* você pode pôr em prática para criar relacionamentos valiosos de longo prazo e benéficos para o negócio?

_____

_____

_____

_____

_____

_____

_____

AUTOCONFIANÇA: confie em si mesmo(a)

Muitas pessoas estão com seus sonhos enjaulados pelo medo. Não é que não tenham desejos intensos, têm, mas não fazem nada, porque não acreditam que são capazes. Estamos aterrissando agora em um terreno psicológico que não é matéria deste livro, mas não podemos deixar de falar dela, porque é a base para uma atitude empreendedora de sucesso.

Todos aqueles que aguardam pelo incentivo externo para perseguir o próprio sonho ficarão eternamente aguardando. Digo isso com um pesar, não como uma profecia. Quisera eu que todas as pessoas capazes de sonhar pudessem realizar. Infelizmente, a falta de confiança em si mesma(o) é uma trava tão enraizada nas profundezas da mente, que as palavras de incentivo desta obra têm poucas chances de ter efeito.

"Primeiro, você confia em si mesmo. Depois, as pessoas confiam em você."

Vamos falar sobre o termo, autoconfiança = auto (em si) + confiança (segurança), ou seja, a capacidade de confiar em si mesmo ou sentir-se seguro consigo mesmo. A autoconfiança pode ser desde baixíssima até altíssima, conforme o grau de confiança que temos em nós mesmos.

Se a autoconfiança é a capacidade de confiarmos em nós mesmos, como seria o oposto de confiar? <u>Desconfiança:</u> é o sentimento de *não acreditar, não confiar*. Como é ruim esse sentimento de desconfiar de alguém, não é?! Imagina quando isso acontece conosco. Se temos uma baixa autoconfiança, portanto, estamos sofrendo com uma desconfiança sobre nós mesmos.

Podemos notar quando a falta de autoconfiança se manifesta especialmente no contexto empreendedor, no momento que:

- acreditamos que nosso sonho é muito **<u>difícil</u>** de se alcançar;
- dizemos que **<u>não conseguimos sozinhos(as)</u>**;
- não nos sentimos **<u>prontos(as)</u>**, precisamos estudar mais, ter mais experiência e inúmeras outras desculpas para não começar;

- não fizemos nada ainda porque os outros **não nos apoiaram** o suficiente;
- temos **medo de fracassar**.

Também podemos notar quando a falta de autoconfiança se manifesta em outras situações no âmbito pessoal:

- evitamos interações, tendemos a nos esconder atrás do celular, por exemplo;
- abrimos mão de defender o nosso ponto de vista;
- levamos qualquer crítica, até mesmo as construtivas, para o lado pessoal;
- somos indecisos até mesmo em decisões simples;
- não sabemos receber elogios. Ao invés de agradecer, negamos ou justificamos;
- desistimos cedo, porque acreditamos que não somos competentes o suficiente para sermos bem-sucedidos;
- comparamo-nos muito com as outras pessoas;
- andamos de cabeça baixa e sentamo-nos de forma inferior.

É evidente que a falta de confiança tem impacto em todos os aspectos da vida, não só no empreendedorismo. Se você sofre com esses sintomas e sente que a baixa segurança em si mesmo tem tido efeitos negativos sobre a sua vida, busque ajuda de um profissional da psicologia.

Por outro lado, quando nos sentimos seguros em relação às nossas competências pessoais e profissionais, **o céu é o limite**. Tudo começa com o sonhar, que vimos como primeiro aspecto da mentalidade empreendedora, seguido pelo desejo intenso de crescer e alimentar-se da crença de que somos capazes de chegar onde quer que desejemos.

Acreditar em nós mesmos é sabermos que ainda temos de aprender, desenvolver, descobrir. Não quer dizer sermos arrogantes sobre as próprias capacidades; pelo contrário, é termos consciência do que ainda não somos, mas acreditarmos que somos capazes de nos desenvolver para chegar lá.

Exercício 11 – Avalie a sua autoconfiança.

Avalie a sua autoconfiança, em que nível está: alta, média ou baixa?

Quais são os comportamentos que o(a) levam a avaliar dessa forma?

O que você pode fazer para melhorar?

RESILIÊNCIA: a capacidade de aguentar a pressão

Talvez não exista algo tão importante para um empreendedor quanto isso, resiliência. Há estatísticas que provam o quanto trabalhar por conta própria é estar em um ambiente super desafiador, a cada 3 empreendedores, 2 desistem e fecham a empresa antes de completar 5 anos.

Os desafios são muitos: a falta de conhecimento e experiência, a instabilidade econômica, a falta de capital financeiro, a rotatividade de pessoal em uma equipe ainda pequena, dificuldade em vender e encontrar o público certo. Soma-se a isso a pressão de ter de fazer quase tudo **sozinho**, a **pressão interna para vencer**, o peso da responsabilidade assumida consigo e com outras pessoas.

"Não podemos controlar o ambiente, mas podemos evoluir para melhor reagir a ele."

Diante de tantas incertezas, a única certeza que podemos ter é de que iremos errar.

Quantas vezes vamos levantar a cabeça e tentar de novo?

Durante quanto tempo vamos ficar remoendo a nossa falha no banco da decepção?

Com que velocidade conseguimos nos recuperar emocionalmente de uma puxada de tapete e seguir adiante?

A resiliência é a capacidade de sofrer pressão e rapidamente voltar ao estado anterior a ter sofrido a pressão. Ou seja, é cair e levantar, é sentir-se frustrado e logo encontrar um motivo para motivar-se de novo, é superar os desafios do dia a dia, mantendo a capacidade de agir e a motivação para vencer intactas.

Sem resiliência, somos mais uma estatística de desistência no mundo empreendedor. Você percebe o seu grau de resiliência?

Como eu percebo o grau de resiliência que tenho e como isso tem evoluído para mim.

Antes de empreender, quando ainda era consultora empresarial, estava em uma reunião e o meu chefe apontava-me uma falha minha, eu ficava o resto da reunião fechada, emburrada e isso prejudicava enormemente a minha capacidade de raciocínio, porque toda a minha energia concentrava-se no ressentimento e frustração.

Depois de alguns anos desenvolvendo o meu próprio negócio, eu vejo como a minha resiliência aumentou e vem aumentando mais e mais. Comparo-me hoje em uma reunião conduzida com o meu cliente da agência. Quando o cliente questiona o trabalho ou me coloca contra a parede, eu ressinto-me ainda, mas retomo rapidamente a energia para dar a volta por cima.

Agora, veja a diferença das duas situações e o porquê tendemos a desenvolver a resiliência muito rapidamente enquanto empreendedores. Na primeira situação de receber uma crítica do chefe, se ficarmos ressentidos, porém quietos sem confrontá-lo de volta, há grandes chances de mantermos o cargo por anos.

Na segunda situação, quando confrontados por um cliente e não justificamos à altura o que o cliente espera, criamos uma insatisfação, frustração e possivelmente o cliente ficará com a ideia de que somos incompetentes para fazer o trabalho como ele espera. Então, aqui temos um cliente a menos. Menos dinheiro em caixa. Mais uma propaganda negativa sobre nós na rua. Caso essa situação se repita constantemente, teremos um grande impacto negativo pela frente, porque muitos clientes insatisfeitos fazem maior estrago do que muitos clientes satisfeitos os fazem bem.

O empreendedorismo força-nos a desenvolver a resiliência.

No momento que percebemos os impactos positivos e negativos da nossa reação aos acontecimentos, tendemos a regulá-los. É um aprendizado constante.

Desejaríamos não ser um ambiente tão desafiador. Desejaríamos estar preparados para tudo. Infelizmente, há muitas variáveis incontroláveis e imprevisíveis no mercado. Felizmente, tudo isso faz-nos crescer e torna-nos pessoas melhores, não só como empreendedores, mas se reflete também nas relações pessoais e na vida como um todo.

Exercício 12 – Avalie a sua resiliência.

Dê uma nota de 0 a 10 para a sua resiliência.

_____

_____

Avalie a sua capacidade de sofrer pressão sem sentir-se prolongadamente afetado(a) por essa pressão. Registre um exemplo do seu passado, como você reagiu a pressão e um exemplo do presente. Avalie se a sua resiliência está aumentando.

_____

_____

_____

_____

_____

_____

_____

OPORTUNIDADE: ligue o radar!

Ligue o seu radar de oportunidades. Como empreendedor, você vai querer que o seu negócio cresça, você vai querer ter mais clientes e para isso precisa ser visto, precisa que mais e mais pessoas saibam o que você faz. Então, ter o radar de oportunidades ligado é crucial.

O que significa isso? A partir de agora, desenvolva, treine e aprimore a capacidade de detectar oportunidades de mercado, de expor-se mais. Ligue o radar para detectar oportunidades de apresentar-se e falar sobre o que você faz e vende.

Mas não é só isso. Treine para argumentar "como você pode ajudar as pessoas", como vai explicar sobre o seu trabalho de uma forma interessante, para que as pessoas entendam, memorizem e se conectem com você em uma oportunidade futura.

As conexões presenciais valem muito mais do que dez vezes as conexões virtuais. Expor o seu trabalho presencialmente é muito mais valioso, é uma oportunidade que você não pode deixar passar.

Que tipo de oportunidade é essa? Pode ser uma conversa informal sobre trabalho com amigos dos amigos num bar. É uma oportunidade de você falar sobre o seu ponto de vista, sobre o seu conhecimento. Não é para se vender.

É importante desmistificar a importância das redes sociais. As pessoas atualmente estão muito focadas no on-line, principalmente nas redes sociais, que estão perdendo a perspectiva geral. Estão perdendo grande oportunidades no mundo real, para ficar conectado no digital 24 horas.

Faça para o seu trabalho e use as redes sociais para mostrá-lo, principalmente para quem já segue você, para quem já conhece saber efetivamente o que você faz, o conhecimento que você. Isso pode gerar oportunidades no futuro, mas provavelmente não vai gerar nada a curto prazo.

É importante, sim, que todos os seus seguidores, inclusive familiares e amigos, saibam o que você faz e como pode ajudar no futuro. Mas não carregue esse fardo de ter de ficar publicando toda hora nas redes sociais, fazendo lives, *stories* de hora em hora. Leva as redes sociais de uma forma leve.

Ligue o seu radar para todas as oportunidades à sua volta! Fale sobre o seu conhecimento, sobre o seu trabalho, em contextos e situações que isso se encaixe, que isso gere valor, que faça sentido. E aí é importante identificar eventos onde você pode participar, onde você possa fazer *networking*, oportunidades de patrocinar alguns eventos pequenos, fazer permuta com pessoas influentes etc. Tudo isso pode ajudar a ligar o seu radar de oportunidades e aprender a aproveitar essas oportunidades.

Exercício 13 – Reconheça as oportunidades que você tem perdido.

Como você pode aproveitar melhor as oportunidades que já estão à sua volta?

_____

_____

_____

_____

_____

_____

_____

_____

_____

_____

OBSERVAÇÃO: você está vendo o que eu estou vendo?

À medida que você desenvolve essa habilidade de identificar novas oportunidades, também está aprimorando outra capacidade essencial: a observação. No contexto da busca por oportunidades, a observação desempenha um papel crucial. Agora, na perspectiva da observação, vamos explorar como utilizar essa ferramenta de maneira diferente.

Como prestador de serviços, empreendedor ou empresário, é fundamental manter-se conectado ao que acontece ao seu redor. Isso é uma parte estratégica do seu negócio. Portanto, treinar sua capacidade de observação é fundamental.

O que você vai começar a notar são detalhes que muitas vezes passam despercebidos, mas que são extremamente úteis para aprimorar seu trabalho e fazer seu negócio crescer. Um dos aspectos que você deve observar são os **preços** praticados por outros profissionais e empresas que oferecem serviços semelhantes aos seus. Isso ajuda a entender se seus preços estão competitivos e se a **qualidade do serviço** está alinhada com o valor que você cobra.

Além disso, é importante acompanhar seus concorrentes. Quem são eles atualmente? O que estão fazendo de diferente? Como eles se apresentam no mercado e quais novos serviços estão oferecendo? Essa é uma maneira de se manter atualizado e competitivo.

Outro ponto crucial é observar os **produtos e serviços** em seu nicho de mercado. Como estão sendo oferecidos por outras empresas? Quais são os elementos que compõem esses serviços e que podem dar indícios do que os consumidores desejam?

Não deixe de prestar atenção aos **feedbacks** de seus próprios clientes. O que eles pedem quando contratam seus serviços e quais ajustes solicitam após a entrega? Isso revela a demanda real do cliente e pode orientar melhorias em seu serviço.

Além disso, fique de olho nas **tendências tecnológicas e econômicas**. Quais tecnologias estão impactando seu setor de trabalho? Como os clientes estão usando essas tecnologias? Entender essas mudanças ajuda a fortalecer seus argumentos ao oferecer seus serviços em comparação com soluções automatizadas.

No entanto, é importante lembrar que observar não significa necessariamente seguir todas as opiniões e conselhos que você ouve. Na verdade, você deve filtrar as informações, ouvindo, processando e tomando suas próprias decisões com base em sua experiência e conhecimento. Não copie simplesmente o que os concorrentes fazem, mas adapte e aprimore suas estratégias de forma autêntica.

Deixe seu cérebro processar todas essas informações e, com o tempo, ideias e *insights* valiosos surgirão. A observação constante e a aplicação gradual dessas percepções em seu negócio são a chave para aproveitar ao máximo essa capacidade de observação.

Exercício 14 – Observe o seu mercado.

Avalie a sua capacidade de observação. O que você já sabe sobre produtos, preços, qualidade dos seus concorrentes? O que você ainda não observou que deveria começar a observar?

_____

_____

_____

_____

_____

_____

_____

TESTE: tire as suas ideias do papel

Você já deve ter ouvido falar sobre a importância de colocar em prática o que aprendemos em vez de nos apegarmos apenas ao conhecimento teórico. Concordo plenamente! Ficar apenas na teoria não nos leva a lugar algum, na maioria das situações da vida. A verdadeira aprendizagem vem da experiência prática.

📖 **Dica de Leitura:** o livro *Antifrágil*, de Nassim Nicholas Talleb, traz uma ideia bastante original e completa sobre a importância da vivência prática e sobrevalorização da teoria. Vale a pena ler!

Vamos pensar por um momento: uma teoria nada mais é do que a interpretação da experiência de alguém. Por isso, é limitada e nem sempre podemos aplicá-la da mesma forma que seu criador. O meu livro não é uma teoria; é um compartilhamento das minhas próprias experiências pessoais e únicas. Pode servir como ponto de partida, mas não é uma fórmula mágica.

Para tornar esse conhecimento útil, é necessário que você o coloque em prática, teste à sua maneira e tire suas próprias conclusões sobre o que funciona para você e sua empresa.

Você sabia? Esse é o processo clássico de **inovação**: observação, formulação de hipóteses, teste, erro, aprendizado e aprimoramento.

Grandes inovações, como a lâmpada e o telefone, surgiram da experiência, testes e intuição de seus criadores. No entanto, o teste ainda é subestimado no mundo dos negócios. Muitas empresas hesitam em testar novas ideias e isso é um erro.

No cenário empreendedor, enfrentamos incertezas constantes. Mas como perseverar e **encontrar o caminho certo**? Uma das habilidades essenciais que os empreendedores precisam é a capacidade de testar. Isso se aplica a diversas áreas do seu negócio, desde decidir que tipo de produto oferecer até a forma de usar o Instagram para marketing.

Testar não significa fazer algo sem rumo. Envolve a formulação de **uma pergunta** específica para a qual você busca uma resposta. Por meio do teste, você descobre acertos e erros e, o mais importante, aprende com eles. Por exemplo, você pode testar se postar duas vezes por semana no Instagram é mais eficaz do que postar todos os dias.

Mas não pare por aí. É crucial medir os resultados do teste de forma objetiva. Use métricas tangíveis, como comparar o alcance dos *posts* nas redes sociais, para determinar qual abordagem de conteúdo funciona melhor.

Não tome decisões baseadas em suposições ou opiniões não fundamentadas. Testar é a chave para obter informações sólidas para o seu negócio. Uma dica valiosa: teste suas próprias crenças. Às vezes, construímos crenças infundadas que não resistem à prova dos fatos.

Lembre-se de que não é possível testar tudo ao mesmo tempo, pois o tempo é limitado. Escolha com sabedoria as batalhas que deseja enfrentar e organize seus testes de forma estruturada. Anote, registre e avalie os resultados para tomar decisões embasadas em dados.

A implementação organizada e constante dos testes ajudará você a encontrar o melhor caminho para o sucesso em seu negócio. Portanto, instale seu "detector de crenças" e esteja disposto a testar, aprender e evoluir continuamente. Testar é a maneira de descobrir o caminho certo para você e sua empresa.

Exercício 15 – Pratique o método de teste e aprendizado.

Este exercício visa aplicar os princípios de teste e aprendizado discutidos no capítulo, ajudando você a desenvolver habilidades práticas de tomada de decisões embasadas em dados.

1. Escolha uma hipótese a testar: comece identificando uma hipótese ou uma pergunta específica relacionada ao seu negócio que você gostaria de responder por meio de um teste. Por exemplo, você pode se perguntar se mudar o horário de publicação das suas postagens nas redes sociais aumentará o engajamento dos seguidores.

_____

_____

_____

_____

_____

_____

_____

2. Defina as métricas de avaliação: determine as métricas que você usará para medir o resultado do teste. No exemplo anterior, as métricas podem incluir o número de curtidas, comentários e compartilhamentos em suas postagens nas redes sociais.

_____

_____

_____

_____

_____

_____

_____

3. Crie um plano de teste: elabore um plano detalhado para o teste. Isso deve incluir:

- A hipótese que você está testando.
- As métricas que serão usadas para avaliar o teste.
- O período durante o qual o teste será conduzido.
- Os grupos de controle e teste (por exemplo, manter o horário antigo como controle e mudar para o novo horário como teste).
- A frequência das postagens (quantas vezes por semana ou dia você publicará).

Hipótese:	
Métricas:	
Período:	
Grupo de controle:	
Grupo de teste:	

4. Execute o teste: implemente o teste conforme o plano elaborado. No exemplo, comece a publicar nas redes sociais no novo horário especificado.

5. Monitore e registre os resultados: durante o período do teste, monitore regularmente as métricas definidas. Registre os dados com precisão e acompanhe qualquer variação.

Resultados do grupo de controle:	Resultados do grupo de teste:

6. Analise os resultados: ao final do período de teste, analise os resultados com base nas métricas estabelecidas. No exemplo, observe se houve um aumento significativo no engajamento dos seguidores.

7. Tire conclusões e tome ações: com base na análise dos resultados, tire conclusões sobre a eficácia da mudança testada. Se a hipótese se confirmar, você pode considerar implementar essa mudança permanentemente em sua estratégia de redes sociais. Caso contrário, ajuste sua abordagem com base no aprendizado obtido.

_____

_____

_____

_____

_____

_____

8. Planeje o próximo teste: use o aprendizado deste teste para identificar outra hipótese ou pergunta que você deseja abordar. Repita o processo de teste e aprendizado, continuando a aprimorar suas estratégias com base nos resultados.

Lembre-se de que o teste e o aprendizado são processos contínuos. À medida que você realiza mais testes e acumula dados, sua capacidade de tomar decisões informadas e aprimorar seu negócio se fortalecerá. Esse exercício o(a) ajudará a aplicar os princípios do teste de forma prática e a colher os benefícios do aprendizado contínuo.

APRENDIZAGEM: desenvolvendo uma mentalidade fluída

Caro(a) empreendedor(a), gostaria de começar este capítulo com uma metáfora interessante:

"Empresas de sucesso não são pedras, são rios."

Isso pode parecer estranho à primeira vista, afinal, muitas empresas parecem sólidas como uma pedra. Elas têm estruturas jurídicas e fiscais definidas, produtos e serviços estabelecidos e parecem estáveis e consistentes ao longo do tempo.

No entanto, essa visão estática esconde uma verdade fundamental: empresas bem-sucedidas são mais como rios do que pedras. Elas são fluidas, vivas e em constante movimento. Por quê? Porque, assim como as pessoas, as empresas precisam evoluir e se adaptar às mudanças constantes da sociedade e do mercado.

Imagine o seguinte: a sociedade está sempre em transformação. As pessoas mudam suas preferências, necessidades e comportamentos constantemente. E se as empresas não acompanharem essas mudanças, ficarão desatualizadas e podem até quebrar. Portanto, a capacidade de aprendizado para serem capazes de se adaptar é fundamental.

A aprendizagem não se limita apenas aos testes práticos, embora eles sejam importantes. Ao longo da jornada empreendedora, você receberá constantemente informações de várias fontes: clientes, colegas, familiares, *feedback* positivo e negativo. Todas essas informações são oportunidades de aprendizado.

Aprender significa transformar essas informações em algo valioso que direcione seu negócio para maior **consistência e crescimento**. E aqui está a realidade: a maioria dos fatores está além do nosso controle. Portanto, a adaptação é a chave para perseverar e vencer.

A humildade também desempenha um papel crucial. É importante admitir que não sabemos tudo, que nossas ideias podem mudar e que podemos estar errados em algum momento. Nesse sentido, a humildade nos permite aprender todos os dias, com todas as informações ao nosso redor.

A aprendizagem é uma jornada individual e valiosa. É uma ferramenta que você carrega consigo em sua jornada empreendedora e que não tem preço. Ninguém mais pode fazer esse aprendizado por você. Ele não está disponível no Google ou com consultores empresariais. É uma habilidade que só você pode desenvolver.

Portanto, veja a aprendizagem como uma capacidade essencial que deve estar sempre ativa em sua mochila empreendedora. Acredite em si mesmo como o maior estudante e também o professor de sua jornada empreendedora.

Exercício 16 – Pratique a aprendizagem contínua.

Após ler este capítulo, reserve um momento para refletir sobre a seguinte pergunta: como você pode incorporar a aprendizagem contínua em sua jornada empreendedora? Quais são as áreas em que você gostaria de aprender e se adaptar mais?

Anote suas reflexões e **pense** em como você pode **aplicar** essas ideias em seu negócio. Lembre-se de que a aprendizagem constante é uma ferramenta poderosa para o crescimento e a evolução de sua empresa.

Mochilão do Empreendedor de Sucesso

OBS.: você é já líder.

Embora seja um dos temas mais falados das últimas décadas na gestão empresarial, a liderança como competência não é essencial para o sucesso do seu negócio. Não? Você leu bem. **A liderança não é tão importante assim** para investir esforço em desenvolvê-la. Em parte, porque ela já está aí, em você. Se você está empreendendo, com certeza, algum nível de capacidade de liderança você já desenvolveu ou já tem desde sempre.

Segundo, a liderança que o empresário deve exercer é muito particular, não é a liderança de gestão de pessoas ensinada para gestores de RH. A liderança do empreendedor é aquela que emana dele, a liderança que inspira, é visionária, instintiva, guiada pelo seu próprio propósito e motivação de empreender.

Você não precisa ser amado e idolatrado pela sua equipe para ser um bom líder. Há diversos exemplos, inclusive de líderes, fundadores de empresas multinacionais, que eram conhecidos pelo seu temperamento difícil.

🎞 **Dica de filme:** *Steve Jobs.*

Você não precisa se preocupar em ganhar a confiança, deve transmitir confiança. Conquiste a sua equipe pela competência de pilotar o negócio, demonstrando sempre nesse caminho respeito, honestidade e compromisso com todos aqueles que contribuem para o seu negócio existir.

Invista em conhecer a si mesmo para reconhecer a liderança natural que existe em você. Já ouviu falar de testes de personalidade? Há alguns testes gratuitos e disponíveis on-line que ajudam você a conhecer os seus diferenciais, a forma como age, pensa e sente. Faça esses testes e reflita sobre como os seus traços de personalidade influenciam a sua forma de inspirar e liderar.

😊 **Dica de teste de personalidade:** água, gato, tubarão e lobo.

Exercício 17 – Autoavaliação de liderança.

Reflita sobre sua própria liderança empreendedora. Pergunte a si mesmo:

- Que tipo de líder empreendedor eu sou atualmente?
- Quais são seus pontos fortes como líder? Quais são suas áreas de melhoria?
- Como eu defino minha liderança: visionária, instintiva, guiada por propósito? Ou de outra forma?
- Que exemplos de liderança inspiradora eu já demonstrei em sua jornada empreendedora?

OS 15 PASSOS DE GESTÃO PARA TER UMA EMPRESA DE SUCESSO

Imagem 3 – 15 Passos de gestão para ter uma empresa de sucesso

Autora Rafaela Sanzi, ilustradora Giandra Santos.

Desenvolver as 14 mentalidades do empreendedor de sucesso é um trabalho contínuo e essencial para você vencer, enquanto líder do negócio. Se você praticar e aprimorar essas mentalidades no dia a dia de trabalho, já tem 80% do caminho feito. O que vem agora são conhecimentos e controles de administração de empresas que irão ajudar você assumir as rédeas e tomar decisões no negócio.

Apesar de responder apenas por 20% dos resultados, é bem capaz que as atividades de gestão ocupem aproximadamente a metade do seu tempo. É isso mesmo, administrar a própria empresa consome tempo e muitas dessas atividades não são delegáveis, deve ser você mesmo a fazê-las. No princípio da empresa, é bem provável que você as faça todas. Com o andar da carruagem e a formação da sua equipe, você pode delegar as tarefas mais operacionais, mas o planejamento, decisões e controle devem ser feitos por você!

Saber desde já que vai ter de separar um tempo aparentemente não remunerado para tratar dessas burocracias da empresa é uma ideia que você deve se acostumar. Não lute contra isso, pois empreendedores que delegam atividades estratégicas entregam o seu destino nas mãos dos outros. Eu não quero isso para você.

Antes de entrarmos a fundo na gestão empresarial, eu preciso contar a você o porquê, apesar de responder apenas a 20% dos resultados da empresa, essas ferramentas de gestão são obrigatórias. Estes são os motivos:

Organização: empreender é complexo, envolve atividades, pessoas, dinheiro e materiais que precisam ser administrados. Fazer a gestão usando apenas um punhado de anotações soltas não vai resultar bem a longo prazo. A organização da informação é um pré-requisito para tomar boas decisões.

Controle: ter um plano e monitorar a execução e os resultados dele permite que você controle seu futuro, porque pode atuar com agilidade para mudar de rumo, quando preciso e ajustar milimetricamente as ações para chegar onde quer.

Competitividade: ao invés de ficar focado apenas em si mesmo e fazer tudo como você acha de deveria (que é um enorme risco), com as ferramentas de gestão de marketing, você vai olhar constantemente para o mercado consumidor e para os seus concorrentes, obrigando-o(a) a tomar medidas que mantenha o seu negócio no topo do seu segmento.

Saúde financeira: uma vez que você tem o próprio negócio, é lógico que queira se sustentar com ele e dar conforto para a sua família hoje e no futuro. Por isso, gerir as finanças com maestria, usando as ferramentas certas, é o mais indicado para ter um negócio que proporcione a você tudo isso.

Convencido(a) e preparado(a) para o que vem pela frente?

Os quatro super-heróis da gestão

Imagem 4 – Os quatro super-heróis da gestão

Ilustração Giandra Santos

Então, vamos lá, prepare-se para desenvolver quatro novas personalidades. Para fazer uma gestão eficiente, nós vamos trabalhar em você os quatro super-heróis da gestão. Não se preocupe, isso é perfeitamente possível e eu vou estar com você ao longo do caminho. Vamos conhecê-los?

Tabela 2 – Os quatro super-heróis da gestão e suas funções

Big Boss
Líder visionário que define o futuro e sabe como chegar lá. É responsável pela gestão estratégica, vê-se muito pouco ele pelos corredores da empresa, mas, não se engane, ele é o cérebro do negócio.

Técnico do time
O nosso coach é quem treina e escala os talentos, define a tática de jogo e compete pela taça do campeonato. É responsável pela gestão de marketing, cuida dos nossos bens mais valiosos, os produtos e os clientes, estando sempre atento aos outros times, os concorrentes. Ele aparece pelo menos uma vez por semana.

Masterchef das planilhas
Está no controle das *pickups* financeiras e vê nos números a resposta para tudo. É responsável pela gestão financeira, o cara do dinheiro. Geralmente, escondido atrás do computador, muito pouco visto, mas quando aparece, todos o ouvem.

O super gerente
O que tudo vê, ouve e sabe, ele está no controle do dia a dia, cuidando para que tudo saia conforme o *big boss* quer. É responsável pela gestão operacional e pela performance da empresa, por isso ele está 100% do tempo presente e com as antenas ligadas. Pode não parecer, mas o trabalho desse carinha é o que sustenta o trabalho dos outros três, por isso nunca o menospreze.

Autora Rafaela Sanzi, ilustradora Giandra Santos.

Estratégia – A *big boss* no centro de controle do negócio

Imagem 5 – Big boss

Ilustração Giandra Santos

Como ter uma estratégia bem-sucedida

A primeira área da gestão empresarial que nós vamos focar é a estratégia, por ser o coração e o cérebro do negócio. Uma empresa sem estratégia anda sem rumo e raramente alcança o que pretende. Ter uma estratégia bem definida é ter clareza de quem se é, onde quer chegar e porquê.

Utilizamos a ferramenta "Plano Estratégico" para definir a estratégia de uma empresa. Se você pesquisar na internet, vai descobrir logo que o plano estratégico é grande, extenso e detalhado demais para uma micro ou pequena empresa fazer.

Ao invés de levar meses a trabalhar em um plano estratégico que vai te engessar, eu aconselho que você simplifique e apenas siga esses quatro passos que vamos cobrir neste capítulo. Com esses passos, você terá uma estratégia clara e bem definida para caminhar com confiança com a sua empresa.

Imagem 6 – Quatro passos para uma estratégia bem-sucedida

Autora Rafaela Sanzi.

Estratégia é decisão e direção, é futuro e presente. Estratégia é o centro de comando da gestão, por isso que agora vamos preparar você para ser o *big boss* dessa operação.

Lembre-se que o *big boss* é um tomador de decisões, por isso os quatro passos da estratégia envolvem decisões importantes. Você vai encontrar em cada passo um ou mais exercícios, que ajudam você a tomar essas decisões. Esses podem ser os exercícios mais fáceis ou os mais difíceis do livro, dependendo do seu perfil.

Mesmo que seja difícil, aqui vai um pequeno alívio: você vai dedicar-se a eles no máximo uma vez por ano. Por isso, leve o tempo que for preciso para concluí-los, mas faça com a certeza de que fez bem feito, pois eles serão o seu norte por 365 dias.

Aproveite os campos destinados para fazer exercícios, este livro foi feito para usar, não tenha pena, anote as ideias, responda os exercícios, dobre as folhas. Depois de terminar o capítulo do *big boss*, transfira todas as decisões anotadas no livro para um documento de estratégia anual. É importante que você tenha um documento de texto ou planilha sempre ao seu alcance para organizar e rever a estratégia anual da empresa.

"Ter uma estratégia é saber quem você é, onde quer chegar e como vai fazer para chegar lá."

Passo 1: defina a sua marca, quem é você

Tudo começa pelo nome e pela imagem que irá representar o seu negócio, nós chamamos isso de **marca**. A marca (*brand*) é como se fosse a carteira de identidade da empresa. Na carteira de identidade de uma pessoa, consta um nome e uma foto por meio dos quais outras pessoas e autoridades podem nos reconhecer. Da mesma forma, a marca empresarial também vai ter um nome e uma imagem.

Nome

É o nome usado por clientes, colaboradores, fornecedores e parceiros para se referir à sua empresa. Também é chamado nome comercial ou nome fantasia.

Quando registrar a empresa na junta comercial, ela terá uma **razão social**, que é o nome de registro da empresa para fins fiscais e jurídicos, e aparece em todos os documentos oficiais — como contratos e notas fiscais. A razão social pode ser qualquer um de sua preferência, desde que seja único, não haja nenhuma outra empresa registrada com o mesmo nome.

Já o **nome** da marca é a designação utilizada no marketing, para fins comerciais e públicos. Portanto, usamos o nome da marca em toda a comunicação da empresa com o mercado.

É possível usar o seu próprio nome como nome de marca. Quando isso ocorre, chamamos de marca pessoal. Não há regra, mas geralmente usa-se o próprio nome quando o que você vende tem diretamente a ver com você — com a sua experiência e conhecimento — e quando os clientes são atendidos diretamente por você. Alguns exemplos de profissões que costumam utilizar marca pessoal: arquitetura, design, advocacia, coaching, consultoria, manutenção e consertos.

Se a empresa tem uma natureza que é diferente de si, tem processos, produtos e atendimento feitos por uma equipe que pode ser treinada para isso, faz mais sentido ter um nome criativo.

Se for criar um nome, convém ser fácil de ler, de pronunciar e de memorizar.

Tabela 3 – Exemplos de nomes de marcas pessoais e institucionais versus razões sociais

Marca pessoal	Razão social
TONY ROBBINS	ROBBINS RESEARCH INTERNATIONAL, INC.
Marca institucional	**Razão social**
Me Poupe!	ME POUPE! CONTEÚDO E SERVIÇOS FINANCEIROS EIRELI

Autora Rafaela Sanzi

Logomarca

A logomarca é o equivalente à nossa foto na carteira de identidade. É muito importante ter uma logo associada ao nome, pois ajuda muito aos consumidores memorizarem. Tudo que é visual é mais fácil e rápido de assimilar. Quando eu escrevo Coca-Cola, o que vem na sua mente imediatamente? Para mim vem a lata vermelha com aquele escrito estilizado da Coca-Cola em branco. Note que a forma como é escrito Coca-Cola em todos os formatos de produto — lata garrafa de vidro, garrafa de plástico — é sempre igual — isso é a logomarca do produto Coca-Cola.

É automático para o nosso cérebro associar uma imagem a uma palavra. Quando criamos uma logomarca associada ao nome da nossa empresa e usamos repetidamente em todos os materiais, em todos os *posts*, embalagens, o que estamos fazendo é gravar na memória dos consumidores a nossa **marca**.

Assim como o nome, vamos de novo apostar na simplicidade na hora de criar a sua logomarca. Para ser facilmente lida, compreendida, memorizada e facilmente aplicável nos materiais, mantenha-a simples.

Uma curiosidade: um nome de marca raramente muda, mas a logomarca pode, sim, ser atualizada. Não recomendo, mas pode se fazer uma mudança radical, se for mesmo necessário. O recomendado é atualizar contornos para acompanhar as tendências estéticas da época a cada 10 anos ou mais.

☞ Pesquise no Google "evolução da logo Coca-Cola" e veja!

Identidade visual

Mesmo sendo simples, uma logo pode ser muito original e marcante, pois ela é acompanhada da sua **identidade visual**. Se a logo é a foto do rosto de alguém, a identidade visual é o estilo de vestir, calçar, o estilo de caminhar, o corte de cabelo, a postura.

A identidade visual será composta pelo conceito, atributos, personalidade, cores, tipo de letra e exemplos de aplicação. Também pode conter elementos visuais, estilos de fotografias, som, movimento e tom de voz.

Sobre **cores**, entenda que não se trata de escolher a sua cor preferida. As cores têm o poder de conectar e ativar as nossas emoções, por isso, escolha as cores da marca baseado no conceito que ela representa e considerando a atratividade dessas cores e respectivas emoções para o público consumidor.

Tabela 4 – O significado das cores

AMARELO	Otimismo, clareza, caloroso, curiosidade, positividade, alegria, diversão, clareza. Exemplos: McDonald 's, National Geographic, SUBWay, Shell, Ferrari, Post-it, Snapchat.
LARANJA	Otimismo, liberdade, juventude, emoção, original, prazer, amigável, alegre. Exemplos: Fanta, Harley Davidson, Nickelodeon, Amazon, Itaú.
VERMELHO	Entusiasmo, arrojado, jovial, ação, paixão, aventura, energia, amor. Exemplos: Netflix, Coca-Cola, CNN, Santander, Fiat, Lego, Nintendo.
ROSA	Gratidão, leveza, respeito, intuição, feminilidade, criatividade. Exemplos: Barbie, Lift, Marisa, Fox Life.
ROXO	Fantasia, criatividade, imaginação, mistério, espiritualidade, arte, justiça, construtivo, sábio. Exemplos: NuBank, Yahoo, Syfy, Disney +.

AZUL	Confiável, sucesso, poder, durável, lealdade, segurança, propósito. Exemplos: Prime Vídeo, Dell, HP, Oreo, Facebook, Oral-B, Caixa Econômica Federal.
VERDE	Natureza, saúde, prosperidade, lealdade, sorte, segurança e harmonia. Exemplos: Unimed, Sicredi, Spotify, Heineken, Greenpeace, WhatsApp, John Deere.
CINZA	Calmo, balanceado, neutro. Exemplos: Audi, Citroen, Apple, Mercedes, Honda, Puma.

Autora Rafaela Sanzi

Profissionais que desenvolvem a logomarca criam também a identidade visual da marca e entregam-nos um manual completo com regras e diretrizes para comunicar a marca. Como chegam nessa concepção? Por meio de uma investigação junto ao(à) empreendedor(a), pesquisa de mercado, referências, técnica e criatividade.

Não é uma tarefa fácil ou simples e eu não aconselho que empreendedores façam a própria logomarca e identidade visual por conta própria. Se não puder investir na criação da marca, em um primeiro momento, use apenas o nome. Quando for possível e quando tiver bem definido o que a sua marca deve representar conceitualmente e visualmente, daí sim, busque um profissional qualificado para a tarefa.

Exercício 18 – Defina o nome da sua marca.

Faça uma lista de nomes possíveis para a sua marca

1 _____

2 _____

3 _____

4 _____

5 _____

6 _____

7 _____

8 _____

9 _____

10 _____

Priorize os que mais gostou

1 _____

2 _____

3 _____

4 _____

5 _____

Pesquise na internet se os nomes priorizados já estão em uso. Anote quais nomes são únicos, portanto continuam na sua lista.

1 _____

2 _____

3 _____

4 _____

5 _____

Faça o teste final. Responda às perguntas abaixo para cada nome finalista.

Nome	O nome é curto?	É fácil de ler?	É fácil de pronunciar?	É fácil de memorizar?
	( ) Sim ( ) Não	( ) Sim ( ) Não	( ) Sim ( ) Não	( ) Sim ( ) Não
	( ) Sim ( ) Não	( ) Sim ( ) Não	( ) Sim ( ) Não	( ) Sim ( ) Não
	( ) Sim ( ) Não	( ) Sim ( ) Não	( ) Sim ( ) Não	( ) Sim ( ) Não
	( ) Sim ( ) Não	( ) Sim ( ) Não	( ) Sim ( ) Não	( ) Sim ( ) Não

O nome que tiver "SIM" como resposta para todas as perguntas pode ser o vencedor!

Exercício 19 – Tome decisões sobre a marca.

Pesquisa de tendências. Faça uma pesquisa de tendências de logomarca da última década no Google para perceber a estética atual. Anote os seus *insights*.

_____

_____

_____

_____

_____

Pesquisa de concorrentes. Pesquise quais são os logos dos seus principais concorrentes. Anote os fatores que mais chamam a sua atenção.

_____

_____

_____

_____

_____

Diferenciação. Faça uma lista de ideias de como o seu logotipo poderia se diferenciar dos concorrentes.

_____

_____

_____

_____

_____

Personalidade de marca. Defina a sua personalidade de marca. Se a sua empresa fosse uma pessoa, como ela seria?

_____

_____

_____

_____

_____

Causas. Existe uma bandeira que a sua empresa defende, um valor inegociável? Liste esses elementos conceituais fundamentais que devem ser considerados na criação da logomarca e identidade visual.

_____

_____

_____

_____

Cores. Analisando as emoções que cada cor transmite. Defina qual cor ou quais cores fazem sentido com a sua marca.

_____

_____

_____

_____

_____

_____

_____

_____

_____

Mochilão do Empreendedor de Sucesso

Passo 2: defina o seu posicionamento de mercado: como você quer ser visto(a).

Existem duas formas simples de explicar o que é posicionamento de mercado e o porquê ter um bom posicionamento ajuda o seu negócio a prosperar. Por que as pessoas deveriam comprar de você e não dos outros? O que diferencia você dos seus concorrentes? Ter uma resposta clara para essas duas perguntas é o que faz com que você tenha um posicionamento único. E ter um posicionamento único é um ímã de atração de clientes.

Agora, aqui, nós podemos enfrentar alguns problemas. O primeiro deles é você não saber a resposta. Se você ainda não sabe o que torna a sua empresa especial aos olhos do cliente, o que você pode oferecer de valioso, você precisa trabalhar para descobrir o que o(a) especial. A forma mais fácil de reconhecer os nossos diferenciais é falando com clientes, ouvindo os elogios espontâneos, notando o que se repete nos elogios dentre diversos clientes.

E se mesmo assim você não encontrar o que faz de você especial, enquanto negócio, ainda há uma saída — estipular no que você quer ser especial e como você quer ser percebido(a) pelos seus clientes e pelo mercado.

O segundo problema é você ter uma resposta vaga e que não é propriamente um diferencial. Se você pensa que o que diferencia das outras empresas é a qualidade, por exemplo, isso é muito vago, soa como algo obrigatório — todas empresas devem oferecer a qualidade esperada pelo consumidor, não é verdade? Então, é preciso ser específico no que constitui o seu maior valor e ter certeza de que os outros não oferecem a mesma coisa, o mesmo nível de qualidade, por exemplo.

Ultrapassando esses dois problemas, você vai alcançar uma definição de posicionamento de mercado clara e diferenciadora, capaz de destacar a sua marca da multidão e lhe dar resultados a curto, médio e longo prazo.

Tecnicamente, posicionamento, em estratégia de negócios, é isto:

"Posicionamento de mercado é a posição que a sua marca ocupa na mente do consumidor."

Imagine que o mercado tem um espaço delimitado, seja esse espaço fisicamente limitado ou limitado pela especialidade profissional. Nesse mesmo espaço existe um número de consumidores e um número de competidores disputando esses mesmos consumidores. Quanto menor a concorrência, menor a necessidade de se posicionar, porque tem mais gente querendo comprar do que vender, todos profissionais estão super felizes e com os bolsos cheios. Quanto maior a concorrência, mais devemos nos preocupar em encontrar um posicionamento único e valioso, pois este irá nos destacar dos nossos concorrentes.

Vamos ver alguns exemplos de posicionamento de marcas no mercado esportivo mundial, assim fica mais claro o que é posicionamento, antes de prosseguirmos:

Tabela 5 – Posicionamento de mercado de marcas esportivas

	A única marca esportiva que une moda ao estilo esportivo para jovens urbanos europeus e norte-americanos que desejam ser descolados em uma época onde esporte é tendência.
	A única marca esportiva que desenvolve produtos tecnológicos de ponta para atletas profissionais e amadores do mundo inteiro que desejam parecer/ser vencedores em uma época onde o fracasso não é tolerado.
	A única marca esportiva que expressa rebeldia para jovens otimistas do mundo (e de seus mundos) que desejam sentir-se diferentes em uma época onde o conformismo é dominante.
	A única marca esportiva que que desenvolve produtos tecnológicos autênticos para atletas sérios do mundo inteiro que querem superar seus limites em uma época onde a afirmação pessoal é relevante.

Fonte: autor desconhecido

Lembre-se que a sua marca é o seu próprio nome se você trabalha sozinha e usa em redes sociais a sua imagem pessoal para fazer negócios. Esse é o caso das profissões: *coaches*, *personal trainers*, psicólogas, nutricionistas, consultoras de beleza, consultoras e mentoras de negócios (meu caso), por exemplo.

"A batalha pelo posicionamento ocorre na mente do consumidor."

Como vimos nos exemplos das marcas Puma, Asics, Converse e Nike, seus posicionamentos apresentam notadamente um tipo de consumidor. A Asics produz e vende tênis para atletas, a Converse para jovens inconformados, a Nike para aqueles que desejam ser ou parecer vencedores e a Puma para pessoas que querem calçar tênis esportivos com estilo e moda.

Para ter um posicionamento claro e uma estratégia de marketing vencedora, você deve se dedicar para estabelecer o posicionamento de mercado apenas na mente do seu potencial cliente. O que isso quer dizer? Que você deve focar em ser visto e lembrado apenas pelo seu público-alvo. Se o seu público for 10% das pessoas da sua cidade, então esqueça, não se preocupe em agradar os outros 90%, porque eles não vão comprar de você.

"Para ter um posicionamento de mercado definido é preciso saber na mente de quem você quer se posicionar."

Na mente de quem você quer estar?

Nem todos os produtos servem para todos os públicos. Donas de casa tendem a não comprar pranchas de surf. Idosos não são os maiores compradores de refrigerantes. Assim como empreiteiros não costumam contratar serviços de revisão e tradução de textos, mas frequentemente compram material de construção e equipamentos de segurança.

Em outras palavras, é preciso saber quem precisa o que você faz. Nesse momento, você já deve ter certeza de quem é o seu público-alvo. Ter clareza de que seu público-alvo serve para:

- Divulgar os seus serviços nos locais certos
- Falar a linguagem que o público entende e se identifica.
- Identificar quem tem perfil para comprar e quem vai apenas desperdiçar o seu tempo.
- Aprimorar serviços para melhor atender o consumidor.

Ter um público-alvo definido ajuda você a ter foco! Por exemplo, você não precisa se preocupar com empresas do mesmo segmento que não vendem para o mesmo público que você.

A Kawasaki e a Harley Davidson são duas marcas que vendem motocicletas e não são concorrentes, porque não atendem o mesmo público. A Kawasaki vende motos para pessoas que desejam velocidade e poder, dentro e fora da cidade. Enquanto a Harley Davidson vende motocicletas para pessoas que gostam de rebeldia e aventuras na estrada. Portanto, as duas empresas podem ignorar ou apenas observarem-se a distância, com mínima preocupação.

Assim como a Harley, você deve ocupar-se apenas do seu mundinho, do seu nicho, do seu público-alvo. Toda a sua atenção deve estar em encontrá-los e comunicar-se com eles — estabelecendo uma imagem de marca clara e diferenciada, para marcar território e demonstrar consistência. A repetição e a consistência são a chave para ocupar um lugar na mente do consumidor.

Definição do público-alvo

Para uma empresa pequena, alguém que está começando agora ou que tem pouco capital para investir, a melhor decisão é apostar em um **nicho** ao invés de um **segmento** ou **mercado de massa**. Vamos já ver qual é a diferença entre eles.

Imagem 7 – A diferença entre mercado, segmento, nicho e subnicho

Autora Rafaela Sanzi.

No mercado de nutrição, por exemplo, há serviços de consultoria, consulta ou orientação nutricional individual. O profissional de nutrição, no mercado de massa, vai atender qualquer pessoa que procurar ajuda de como se alimentar adequadamente, seja lá qual for o seu objetivo, gênero, idade etc.

Mercado = pessoas em busca de orientação nutricional.

Esse mercado consumidor é muito grande, muito competitivo e, portanto, difícil de encontrar um posicionamento único para se destacar.

Descendo um nível, um **segmento de mercado** poderia ser mulheres em busca de saúde. Excluímos a metade do mercado consumidor, deixando de fora os homens.

Segmento = mulheres que desejam ser saudáveis.

Ainda assim pode ser um segmento altamente competitivo. E se nós fossemos um nível mais afundo? Um **nicho de mercado** poderia ser o de vegetarianos urbanos que querem aprender quais alimentos fornecem os nutrientes que eles precisam para ter uma alimentação balanceada. Esse público já pode constituir um nicho, pois é uma parcela da população já bem mais reduzida. Embora vegetarianos atualmente podem ser considerados um segmento, tendo em vista o seu crescimento e volume, vegetarianos em fases iniciais, que ainda estão buscando informar-se para estipular a sua própria rotina alimentar, são um grupo menor, com uma demanda específica e onde pode haver menor concorrência.

Nicho = vegetarianos urbanos que buscam se informar sobre em quais alimentos buscar os nutrientes para ter uma alimentação equilibrada.

Os nichos de mercado são "fatias menores" do mercado, que contêm consumidores cujas necessidades não estão bem atendidas ou nem estão atendidas pelas opções atuais. Os nichos quase sempre constituem públicos-alvo altamente lucrativos, quando uma empresa consegue compreender como satisfazê-los.

Mas ainda podemos descer mais um nível e chegar ao **subnicho**, se fizer sentido para o setor onde você atua. Voltamos ao nosso exemplo da nutrição em busca de um subnicho. O subnicho será ainda menor, mais específico e cuja demanda provavelmente é não é atendida. O subnicho, nesse caso, poderia ser atletas que desejam ter alta performance, mantendo o estilo de vida saudável e vegetariano. Quais são as chances de haver outro nutricionista especializado em atletas vegetarianos de alta performance, além de você na sua cidade?

Subnicho = atletas que desejam ter alta performance, mantendo o estilo de vida saudável e vegetariano.

Também é possível que o número de atletas vegetarianos seja muito baixo em uma cidade, significando que não há demanda suficiente para manter a empresa sustentável. Entretanto, atualmente, mais facilmente podemos atender subnichos e ainda ter uma empresa lucrativa graças à internet. Investindo em um posicionamento de mercado para um subnicho através da internet, você alcança as pessoas certas que estão espalhadas pelo país ou pelo planeta.

O melhor público-alvo para você

Tenha atenção ao escolher o seu público-alvo, seja ele mercado, segmento, nicho ou subnicho, para estes fatores:

Imagem 8 – Como definir o melhor público para o seu negócio

Autora Rafaela Sanzi.

"Venda o que você ama fazer, para quem vai se sentir grato em comprar."

A definição do público-alvo não é só uma escolha por afinidade pessoal. Ainda que esse fator seja importante, você deve levar em conta o quanto o público sente mal atendido pelas opções de produtos/serviços oferecidos atualmente no mercado e o porquê sente-se mal atendido — avaliando se você se sente capaz de preencher a necessidade deles a um preço que estão dispostos a pagar.

Muitas vezes, as pessoas sabem que têm um problema para resolver, mas não estão dispostas a investir para resolvê-lo. Isso acontece quando o problema em questão não gera um desconforto suficiente para o consumidor tomar uma atitude.

Empresas de serviços de desenvolvimento pessoal e de carreira, por exemplo, encontram esse desafio com frequência. Desejam atender públicos que buscam satisfação e crescimento, em contrapartida são mais buscadas por pessoas que vivem situações urgentes como "perdeu o emprego" ou "se separou e está em sofrimento".

Pessoas em busca de satisfação, felicidade e crescimento mais provavelmente investem em formação e saúde física do que em programas de desenvolvimento pessoal e de carreira. Por quê? Porque na opinião delas isso já é suficiente para continuarem a avançar. É por isso que você deve tomar muito cuidado com a cilada do que você quer vender x pelo que as pessoas estão dispostas a pagar.

Procure públicos que têm uma necessidade prática e clara: que problema exatamente ele quer resolver ao comprar o seu produto? Como ele verbaliza esse problema? Está claro para o consumidor o problema, a sua importância e a urgência em resolvê-lo?

O melhor público, por fim, será aquele que dá lucro. Um bom público é o que compra a preços adequados ao valor e qualidade entregues, preços que não prejudicam a sua margem de lucro. Via de regra, se há poucos ou nenhum concorrente, o público está consciente do problema e quer resolvê-lo, você tem competência para resolver o problema por meio de um produto ou serviço, então o lucro é garantido.

Dica para descobrir nichos e subnichos

Você está pronto para decidir o seu público-alvo. Entretanto, se ainda tem dúvida e quer fazer uma exploração de mercado em busca de descobrir novos nichos e subnichos, vou ensinar uma técnica muito simples e efetiva.

Você pode descobrir nichos de mercado mais QUENTES ao digitar no Google as primeiras palavras e deixá-lo sugerir o resto da frase. Funciona assim, as sugestões do Google são as pesquisas mais realizadas pelos usuários ultimamente naquela região.

Veja o exemplo, eu digitei "dietas para atletas" e em seguida o Google abriu uma série de sugestões, todas essas sugestões podem dar excelentes conteúdos para as suas redes sociais, blog, assim como orientar a sua escolha por público-alvo.

Imagem 9 – Utilizando o Google para descobrir nichos e subnichos

Fonte: Google.com.br/reprodução.

Agora que você sabe como definir o posicionamento e como escolher o público-alvo da sua empresa, é válido compartilhar algumas dicas para você dosar a ansiedade e alcançar o posicionamento desejado.

Posicionar-se no mercado não é <u>instantâneo</u>

Posicionamento de mercado é um processo longo que demanda persistência, insistência, investimento em comunicação e paciência. Lembre-se que o posicionamento tem a ver com a memória e a memória é construída ao longo do tempo, por meio de reforços contínuos — mais frequentes no início, podendo ser mais espaçados ao longo do tempo.

Eu recorro a um exemplo que deixa mais claro essa situação. Muitas pessoas têm feito o que chamamos de transição de carreira — mudam de profissão, às vezes até mudam de setor. Analistas financeiros viram terapeutas holísticas, gerentes de recursos humanos viram *coaches*, por exemplo.

Essas pessoas tinham uma trajetória profissional e uma imagem pública, decidiram fazer uma nova formação com intenção de mudar de carreira e agora esperam ter uma imagem pública diferente do passado. Elas esperam agora serem vistas como *coaches* e que as pessoas as procurem por isso. É claro que o desejo é que magicamente sejam reconhecidas como referência na nova profissão, mas isso leva tempo.

O fato é que ter feito a formação não muda em nada a forma como as pessoas os veem. Esses profissionais terão de trabalhar fortemente e constantemente para se reposicionar na mente dessas pessoas.

Assim como profissionais em transição de carreira, as novas empresas, novos empreendedores, têm de começar quase do zero e construir uma imagem profissional condizente com a atividade. Tenha paciência, o tempo de se posicionar é o tempo de um ser humano absorver uma nova ideia.

Posicionamento não é a sua formação

Às vezes, as pessoas confundem posicionamento com formação. Lembre-se dos exemplos das marcas de tênis, ele tem a ver com uma especificidade, uma qualidade que você oferece para um público muito bem definido. O título da sua formação não o diferencia o suficiente, pois há provavelmente centenas de milhares de profissionais com a mesma formação.

Logo que eu me graduei em Administração e Marketing, eu passei muito tempo me apresentando como administradora de empresas, sem saber que aquilo não significava nada. Primeiro porque as pessoas não compreendiam o que exatamente eu fazia. Segundo porque a minha formação não informava a minha profissão, muito menos meu posicionamento, que são coisas diferentes.

Outro erro comum é achar que porque concluímos uma formação nos tornamos aquilo. Sim, adquirimos um título, muito conhecimento e temos uma credencial da instituição. Eu me tornei especialista em marketing digital, porque concluí diversos cursos na área e exerci a atividade durante anos a fio. Mas só ser formado não quer dizer que você consiga efetivamente resolver um problema relevante para alguém.

O posicionamento tem mais a ver com o público do que com você!

Além de tudo, um aspecto fundamental no posicionamento é a percepção dos consumidores a respeito da sua marca. Concluir uma formação não significa que a nossa rede de contatos (audiência), primeiro, SABE e, segundo, nos RECONHECE como uma autoridade no assunto.

Posicionamento de mercado é uma decisão SUA.

"Quem você quer ser na mente do consumidor é uma decisão SUA."

Posicionamento pode ser definido de forma simples como o lugar que uma marca ocupa na mente dos consumidores. Trocando palavras, significa que você pode ser reconhecido pelas pessoas como você quiser, basta decidir sê-lo.

Na minha opinião, muitos erros são cometidos em relação ao posicionamento profissional, principalmente em redes sociais. A maioria dos erros ocorrem por desconhecimento ou mal entendimento do conceito de posicionamento.

O primeiro erro é pensar que nós somos o que os outros pensam de nós. Eu acredito justamente o contrário. Nós como profissionais somos agentes CRIADORES de nossas marcas, ou seja, nós definimos como queremos ser percebidos e depois batalhamos para construir essa marca na mente das pessoas por meio de ações de comunicação e marketing.

Posicionamento de mercado é percebido, não definido.

Embora você tenha uma definição de posicionamento, isso não significa que as pessoas o percebem assim. Trabalhar o posicionamento de mercado é mostrar quem você/sua empresa é, como pensa, como se relaciona com clientes, o seu propósito. Colocando no seu plano de ação atividades que envolvam declarar e reforçar o seu posicionamento ele vai se realizar, pouco a pouco.

"Penso, logo SOU"

Evite o posicionamento de mercado "deixa a vida me levar".

O erro mais comum é NÃO DECIDIR como quer ser visto. As pessoas empreendem, decidem que precisam da internet para ter mais clientes, mas não mudam de postura nas redes sociais... Essa atitude é uma omissão de posicionamento. Não deixe que a sua audiência decida por você. Assuma o controle!

Muito cuidado! A ausência de um posicionamento e uma estratégia digital definida não impedem de que seu público consumidor crie a própria imagem sobre você e a sua marca. Isso é muito arriscado, porque não estamos tendo nenhum poder sobre o posicionamento sendo formado.

Como isso acontece? Na prática, é tão comum quanto isto: sabe quando você não tem um planejamento de conteúdo para publicações nas redes sociais? Na falta do plano, vai publicando à medida que a "inspiração" chega. Às vezes, ela não chega, e não sai nenhum *post*. Às vezes, ela é muito diferente da "inspiração" anterior. Não tem nada a ver, o seu perfil vai ficando com transtorno de múltiplas personalidades.

- Variedade estética e visual.
- Um *post* não conversa com o outro.
- Assuntos não se conectam.
- A qualidade das imagens varia.
- Fica confuso quem você é, o que vende, o que está fazendo aqui.

Eu poderia colar aqui mil exemplos de *feeds* que têm notadamente essa ausência de posicionamento, mas pegaria muito mal, não é?! Então, a descrição terá de servir para você fazer uma reflexão sobre o seu não posicionamento nas redes sociais. Mais adiante falaremos sobre como comunicar o posicionamento nos canais digitais.

Evite o posicionamento de mercado "sombra"

O segundo tipo de posicionamento mais comum de marcas que estão começando é posicionar-se na sombra de uma marca de sucesso, ou seja, copiar tudo que ela faz, o que publica, como se comunica etc. Notadamente, uma péssima estratégia, pois o posicionamento deve diferenciar você dos outros, não confundir você com os outros.

O que leva a maioria para o caminho de se tornar uma sombra é acreditar que "se está dando certo para ela, vai dar certo pra mim". Pois isso está completamente equivocado. Não tem fórmula mágica!

Além de ser praticamente impossível saber exatamente tudo que ela faz (e já fez), também é impossível saber, de tudo que estamos vendo, o que realmente está fazendo a diferença para o sucesso.

Talvez, o que faça sucesso é a personalidade da empresária que aparece nos *stories*. Como você vai conseguir copiar isso? Não vai! Por isso, desencana! Procure o seu próprio caminho de sucesso!

"Viver à sombra é ser uma cópia mal feita."

Identifique e inspire-se com referências do seu mercado e de outros mercados. Mas NÃO COPIE a estratégia delas. Inspirar-se não é copiar, é observar e transformar. Qualquer trabalho criativo envolve a busca de referências. Engana-se quem pensa que criação de cards, logotipos e sites começa com uma folha em branco (tela em branco, no caso). Mas também não é uma cópia, deve ser original o suficiente para distinguir-se no mercado e causar impacto — dentro do conceito e propósito definidos.

O posicionamento REAL e estrategicamente definido é aquele que inicia com uma reflexão sobre quem somos como profissionais e consequentemente como marcas, analisa e inspira-se com o que já existe no mercado de atuação e DEFINE o que realmente QUER SER.

Mais alguns exemplos de posicionamento para profissionais autônomos:

- Eu quero ser percebida como coach de relacionamentos baseados na autoestima e independência emocional para mulheres.
- Quero ser vista como especialista em finanças para mulheres que gerem pequenas empresas e querem ter estabilidade financeira.
- Desejo ser notada como uma nutricionista de emagrecimento para mulheres que recém-tiveram filhos e querem sentirem-se confiantes novamente.

Exercício 20 – Defina o seu posicionamento de mercado.

Pesquise concorrentes. Faça uma pesquisa na internet e utilize o seu conhecimento e experiência com empresas concorrentes para analisar o posicionamento pretendido por seus concorrentes.

Empresa concorrente	Posicionamento

Inventário de elogios. Anote o que os seus clientes elogiam sobre você e sobre a sua empresa.

_____

_____

_____

_____

_____

_____

_____

_____

Fatores diferenciadores. No que você se acha especial? No que você acha que a sua empresa é especial?

_____

_____

_____

_____

_____

_____

_____

_____

Principal diferenciação. Aponte UMA coisa, o principal fator, o que mais diferencia você (seu negócio) dos concorrentes.

_____

_____

_____

_____

_____

_____

Posicionamento de mercado. Chegou a hora de definir o seu posicionamento de mercado usando a fórmula (o que, como, quem, onde, por que e quando).

	Você	Exemplo: Nike
O QUE		A única marca esportiva
COMO		que desenvolve produtos tecnológicos de ponta
QUEM		para atletas profissionais e amadores

	Você	Exemplo: Nike
ONDE		do mundo inteiro que
POR QUE		desejam parecer/ser vencedores
QUANDO		em uma época onde o fracasso não é tolerado.
Data de hoje:		

Exercício 21 – Defina o seu público-alvo.

Pesquise nichos e subnichos. Faça uma pesquisa no Google para descobrir novos nichos e subnichos que a sua empresa poderia atender.

_____

_____

_____

_____

_____

_____

_____

_____

_____

Defina o seu público-alvo. Descreva com base na sua experiência sobre quem já comprou de você; descreva com base no que você imagina que seja um cliente típico deste tipo de serviço; descreva imaginando quem é o cliente ideal.

Nota: não se apegue demais nessa definição de público-alvo agora. O público-alvo muda com o tempo. Com o tempo, você vai descobrir mais informações sobre o cliente ideal, que podem até ser contraditórias com o que você pensava.

O público-alvo também pode mudar quando você modifica os serviços. Lembre-se que a sua empresa é um rio, não uma pedra. É um processo de evolução e amadurecimento. Esteja aberto para fazer mudanças na definição do público-alvo sempre que sentir que é necessário.

Data de hoje: _____

Passo 3: defina os seus <u>objetivos</u>: onde você quer chegar

Agora, nós vamos focar no futuro, mas em um futuro próximo e realista. Definir objetivos para o seu empreendimento é fundamental para garantir que os seus esforços diários estão na direção certa — na direção que você mesmo(a) decidiu ir.

"Se você não sabe onde quer chegar, qualquer caminho serve."

Tenho certeza de que você já ouviu isso e é a mais pura verdade, se tratando de negócios. Não ter objetivos é o mesmo que estar em um barco à deriva. Pode ser até que chegue eventualmente a algum destino, mas vai ser um destino surpresa. Defina onde você quer chegar e você chegará! Se não tiver objetivos, prepare-se para sentir-se desfocado, desmotivado e terminar o ano sem saber se realmente valeu a pena.

Mantenha os pés no chão e responda: o que você quer realizar com o seu empreendimento nos próximos 12 meses? Lembre-se de ser realista: para você, o que é **realmente importante** de concretizar num futuro próximo?

Você tem um objetivo de aumentar a sua remuneração pessoal? Tem ideia de lançar um novo produto/serviço? Quer profissionalizar e melhorar processos? Quer aumentar a equipe? Abrir mais pontos de venda? Tornar-se conhecido(a) na região?

Nem tanto ao céu, nem tanto à terra.

Estamos falando de objetivos de negócios, sim, mas isso não quer dizer que esses objetivos devam ser frios e calculistas. Só defina objetivos que instiguem em você paixão e confiança. Objetivos que você tem certeza de que irão motivá-lo(a) o suficiente para se mexer e realizá-lo.

Ter um objetivo de aumentar as vendas pode até ser importante constar entre os seus objetivos, por ser um indicador de resultados de negócio universal. Mas você pode complementar adicionando um objetivo que toca no seu coração e ao mesmo tempo contribui para aumentar as vendas. Quem sabe lançar aquela nova linha de produtos que você sonha?

Se você não tem a mínima ideia do que quer realizar, siga essas dicas:

- Comece a se questionar, quais são seus objetivos pessoais no trabalho nos próximos meses:
- Quanto quer ganhar?
- Como quer impactar?
- O que quer criar?
- O que você quer fazer melhor?
- Pergunte-se sobre como pode melhorar o seu negócio:
- Servir melhor às pessoas?
- Deixar seus clientes mais satisfeitos?
- Receber mais indicações?
- Ser mais conhecida e reconhecida?
- Qualificar e ampliar a equipe?
- Facilitar processos?
- Implementar sistemas de gestão?

Aí você já tem muitos pontos de partida para chegar aos objetivos de negócio anuais. Provavelmente, você já tem uma lista de objetivos tão grande que será praticamente impossível de realizar em um ano. Tome consciência e deixe apenas **objetivos realistas, claros, específicos e possíveis de verificar** se foi realizado.

Exercício 22 – Defina seus objetivos de negócio.

Defina e priorize de 3 a 5 objetivos estratégicos para realizar em até 12 meses.

Objetivos anuais_____

1 _____

2 _____

3 _____

4 _____

5 _____

Data de hoje: _____

Passo 4: tenha um plano para chegar lá

Estamos saindo agora do campo mais conceitual, da marca, público, posicionamento e objetivos e aterrizando em assuntos mais práticos. A partir de agora, vamos começar a transformar o seu sonho em realidade. Aqui, é que a mágica realmente acontece!

Vamos começar a desenhar o seu plano de sucesso. Mas não se engane, planejamento não é um monte de papel que fica engavetado o ano todo. O planejamento que nós vamos tratar aqui é o seu guia prático, é o seu norte, o que conduz as ações práticas no dia a dia.

A falta de planejamento deixa as empresas suscetíveis e vulneráveis às oscilações de mercado. Por outro lado, quando se tem um plano, pode-se alcançar resultados extraordinários em épocas desafiadoras. O planejamento vai lhe dar direção, foco e motivação para agir em direção ao seu sucesso.

"Ter um plano é assumir o controle do seu futuro!"

O plano de ação (ou os planos de ação) serve para você pensar e definir **como** vai conseguir alcançar os objetivos no decorrer do próximo ano. Em outras palavras, o plano de ação é um passo a passo para colocar em prática no dia a dia.

O plano que nós vamos criar serve tanto para empresas já existentes quanto para novos negócios, recém-saindo do papel. Ele deve cobrir o período de um ano — 12 meses —, mas não precisa ser de janeiro a dezembro. Independentemente de qual mês do ano você está agora, você pode fazer o seu plano anual.

O ponto de partida são os **objetivos** definidos no passo anterior. Pegue em cada um dos objetivos, começando pelos mais práticos e específicos, e faça uma lista do que é preciso fazer para que ele seja concluído — detalhe o passo a passo, as tarefas e os prazos. Se houver algum investimento a ser feito em alguma das atividades, aponte isso também.

Cada objetivo pode ter um ou mais planos de ação. Isso depende 100% de como você acha mais lógico organizar as tarefas. Eu recomendaria agrupar as atividades em um plano de ação quando elas têm prazos parecidos e têm alguma dependência entre as tarefas. Sim, os planos e as atividades terão prazos distintos, um plano pode começar no 1º mês e terminar no 3º, no entanto outro plano de ação inicia no 7º mês e continua até o 12º.

Tudo vai ficar mais claro quando você ver o exemplo a seguir. A ideia é você ter uma tabela com todos os objetivos, respectivos planos de ação, passo a passo (atividades) e prazos. Esse é um exemplo de **2 planos** de ação pensados para realizar **1 objetivo:** vender mais 50% do que no ano anterior.

Tabela 6 – Exemplo de planos de ação

Objetivo	Plano de ação	Passo a passo (atividades)	Prazo	Custo
(1) Vender 50% mais do que no ano anterior.	A. Organizar portfólio de produtos, focando nos campeões de vendas.	a1. analisar vendas por produto nos últimos 12 meses a2. identificar produtos com vendas mais baixas a3. decidir se manter ou descontinuar produtos com baixas vendas	30 dias início novembro	horas dedicadas
	B. Criar campanhas promocionais	b1. Definir em quais meses vamos promover um produto com campanha especial b2. Definir produtos, preços e temática especial de campanha que vai incentivar as vendas b3. Definir os meios de comunicação de campanhas. b4. Produzir materiais necessários para campanhas. b5. Publicar e gerir campanhas promocionais b6. Avaliar resultados de campanhas.	45 dias dezembro	horas dedicadas + R$1.500 gráfica (b4)

Autora Rafaela Sanzi

Exercício 23 – Elabore planos de ação para realizar os objetivos de negócio.

Big boss, agora é a sua vez! Chegou a hora de criar o plano para realizar os seus objetivos para os próximos 12 meses. Elabore até três planos de ação para cada objetivo estratégico definido no exercício anterior. Mas, antes, algumas dicas:

Não seja duro(a) demais consigo mesmo. Não tem segredo! Não precisa ter ideias mirabolantes e super inovadoras para fazer um bom plano de ação.

O bom plano de ação é simplesmente aquele capaz de colocar você a fazer tarefas que irão lhe aproximar do objetivo.

Confie em si mesmo, você sabe o que precisa ser feito para realizar o objetivo.

Se não souber como elaborar o plano, provavelmente é porque o objetivo é ambicioso demais ou talvez você não tenha ainda experiência no setor. Se o objetivo for muito audacioso, volte e reveja o objetivo. No último caso, se não tiver experiência, busque ajuda de um profissional consultor ou mentor de negócios.

Objetivo 1	Plano de ação	Passo a passo	Prazo	Custo

Objetivo 2	Plano de ação	Passo a passo	Prazo	Custo

Objetivo 3	Plano de ação	Passo a passo	Prazo	Custo

Objetivo 4	Plano de ação	Passo a passo	Prazo	Custo

Objetivo 5	Plano de ação	Passo a passo	Prazo	Custo

Marketing – O técnico do time lidera para ser o campeão do mercado

Imagem 10 – Técnico do time

Ilustração Giandra Santos

Vamos equipar você com as técnicas e ferramentas de marketing para competir e ganhar a taça! Eu usei uma analogia com um técnico de time de futebol para representar o gestor de marketing, porque tanto o técnico quanto o gestor são figuras que buscam soluções para os desafios da competição. Pense em um time de futebol profissional, por exemplo, um time só existe para jogar com outros times e competir pelas melhores posições do campeonato. Ter um time para não jogar com ninguém não faz sentido. Além disso, não faz sentido jogar sem intenção de ganhar. Portanto, o futebol é um esporte inerentemente competitivo, assim como o ambiente onde a sua empresa está inserida.

Todas as empresas já nascem competindo. Por que uma empresa compete? Podemos dizer que é pela atenção, preferência e pelo bolso dos consumidores. Nunca se esqueça disso: você não está sozinho! Há outras empresas que fazem produtos ou prestam serviços parecidos com os seus e estão na mesma região, disputando pelos mesmos clientes.

Mas as semelhanças não param por aí. Além disso, tanto o técnico de um time quanto o gerente de marketing têm de gerir um portfólio de recursos valiosos: por um lado, os jogadores, por outro, os produtos e serviços.

O que será um time sem jogadores talentosos e uma empresa sem produtos de qualidade? Nada, sem talentos não há time profissional e sem produtos de qualidade não há empresa que sobreviva.

E a terceira e talvez mais importante similaridade está na razão da existência de um time e de uma empresa. Seu propósito é agradar e satisfazer os seus consumidores: os fãs do clube e os clientes da empresa. Sem as pessoas que assistem avidamente às partidas nos estádios, na televisão, no rádio e na internet, não haveria recurso financeiro para manter o time. Afinal, um clube é repleto de despesas, assim como uma empresa — tem de pagar os salários dos jogadores e de todo o *staff* envolvido no treinamento do time e manutenção das instalações.

Assim como os times, as empresas têm de fazer o seu melhor para agradar e encantar os seus clientes para manter-se financeiramente saudável e viva a longo prazo. E é assim que você deve ver a missão do marketing: agradar e satisfazer as pessoas, mantendo a sua atenção aberta aos movimentos do mercado.

A principal ferramenta de marketing é o **plano de marketing**. Um bom plano de marketing contempla um levantamento de tendências macroeconômicas, o estudo do mercado consumidor, análise dos concorrentes, um apurado diagnóstico interno, para fazer a análise

SWOT. Depois dessa arrojada análise, sim, parte-se para as decisões: a definição de objetivos e estratégias, a elaboração de planos operacionais e orçamento.

Aposto que você já cansou só de pensar em fazer tudo isso. Mas não se preocupe, você não vai precisar disso tudo, pelo menos não agora. Enquanto a sua empresa é pequena e não tem uma equipe dedicada exclusivamente ao marketing, não vale a pena investir o seu tempo nesses detalhes. Fazer um plano de marketing prematuramente acaba por ter o efeito contrário: paralisa, ao invés de mobilizar.

Nesse momento, eu aconselho focar no básico, naquilo que você mesmo colocar em prática.

Qual é o básico do marketing que você precisa dominar para ser um empreendedor de sucesso?

Um sistema com quatro circuitos interdependentes que funcionam 24/7 sem parar. Sabendo montar e operar esse sistema, você vai ter um marketing eficiente em lhe trazer duas coisas: **clientes felizes e lucro**. Por isso, eu o chamo de Sistema Marketing Lucrativo.

O Sistema Marketing Lucrativo é simples de compreender, porque é organizado como uma linha do tempo. O ciclo ideal de um cliente inicia quando ele encontra a empresa, passa por efetuar uma compra, experienciar o produto e o atendimento e termina transformando-se em um fã ou um cliente fiel à marca.

Esses quatro circuitos bem orquestrados garantem um sistema lucrativo para a sua empresa, porque minimizam despesas de marketing e maximizam lucros ao manterem os clientes satisfeitos e por mais tempo com você.

Imagem 11 – Sistema Marketing Lucrativo

Autora Rafaela Sanzi, contém ativos do Canva.

São quatro estágios pelos quais o cliente passa. Eu chamo esses estágios de circuitos, porque circuitos são sistemas fechados onde uma corrente elétrica, por exemplo, percorre o mesmo caminho continuamente.

Assim são os quatro circuitos contínuos de marketing. Não são meramente decisões a serem tomadas, são ações que precisam ser colocadas em prática diariamente. A interrupção de um desses sistemas ocorre apenas para manutenção, ajustes e melhorias. Entretanto, não podemos ficar com um deles parado por muito tempo, pois corremos o risco de prejudicar os resultados da empresa.

Vamos agora ver como montar cada um dos quatro circuitos do marketing lucrativo e os cuidados que você deve ter.

Passo 5: encontre e seja encontrado pelo cliente certo

O quinto passo da gestão empresarial é o primeiro circuito do sistema marketing lucrativo — é o seu ponto de encontro com o cliente.

Imagem 12 – Passo 5: encontre e seja encontrado pelo cliente certo

Autora Rafaela Sanzi, contém ativos do Canva.

As perguntas que precisam ser respondidas para construirmos o circuito da presença são:

- Onde os consumidores irão encontrá-lo(a)?
- Como alguém que precisa dos seus serviços descobre que você existe?
- Quais são os locais — físicos ou digitais — onde o seu negócio marcará presença para reforçar o seu posicionamento de mercado?
- Por meio de quais locais ou canais, as pessoas comprarão de você?

Para estabelecer uma presença efetiva, você vai precisar de dois tipos de recursos: **pontos de contato** e **ações de comunicação** para ativar esses pontos de contato. Por mais que você queira estar em todo lado, tenha consciência que, no início, sem uma equipe a apoiar você, será muito difícil manter-se ativo em múltiplos pontos de contato, por exemplo, publicar em diversas redes sociais, atualizar um site, lançar artigos em um blog e ainda participar de eventos. O seu tempo e dinheiro são limitados (eu imagino), por isso, deve ser investido em pontos e ações prioritárias — aquelas que trazem proporcionalmente mais retorno do que esforço.

Imagem 13 – Impacto das ações de comunicação

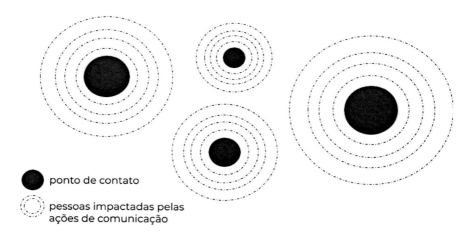

Autora Rafaela Sanzi.

A seguir, você vai encontrar uma lista de pontos de contato e ações de comunicação, exemplos que você pode utilizar para selecionar as suas prioridades:

Tabela 7 – Exemplos de ações de comunicação por ponto de contato

Ponto de Contato	Ações de comunicação
Telefone	*Cold call* (contato telefônico) Atendimento – vendas receptivas
WhatsApp	Mensagem para uma lista de conhecidos Grupo permanente de conteúdo Grupo temporário de venda
E-mail	E-mail para potenciais clientes (desconhecidos) E-mail para potenciais clientes (conhecidos) Newsletter para assinantes
Página/perfil em redes sociais (Instagram, YouTube, Facebook, Twitter, LinkedIn, Pinterest, TikTok, Spotify etc.)	*Post* de conteúdo Propaganda
Google	Perfil de empresa no Google Meu Negócio Localização da empresa no Google Mapas Propaganda
Rádio	Patrocínio de um programa Propaganda
YouTube	Patrocínio de um canal de YouTube
Spotify	Patrocínio de um podcast
Revista	Propaganda
Jornal	Propaganda
Televisão	Patrocínio de um programa Propaganda
Outdoor	Propaganda
Correspondência por correio	Propaganda
Portais de notícias	Propaganda Branded content
Feiras e eventos	Patrocínios Stand de vendas Pitch Networking

Ponto de Contato	Ações de comunicação
Website	Artigos de blog
	Pop-ups promocionais
	Push Notification

Autora Rafaela Sanzi

Diante de tantas opções, o segredo é escolher de forma inteligente os canais onde investir, de forma a conseguir chegar ao público correto e manter o investimento a longo prazo.

Estabelecer a presença de marca, despertar o interesse para a compra e permanecer na lembrança do seu público-alvo em uma cidade pequena pode ser feito com 2 a 3 outdoors em locais de alto fluxo, colocar propagandas nas caixas de correio de um bairro inteiro à volta do seu ponto físico e talvez algumas propagandas diárias em uma estação de rádio local. Isso pode ser eficiente e ainda caber no seu bolso.

Entretanto, se você não tem uma loja/escritório físico, não depende que os clientes venham até você, talvez você faça entregas em todo país, venda on-line, preste serviços a distância. Então, você pode precisar ter pontos de contato com abrangência estadual ou nacional. Nesse caso, os canais digitais acabam por ser ótimas opções, pois são mais baratos, ágeis e fáceis de gerenciar.

Quatro dicas para estabelecer uma presença lucrativa

Nesse primeiro circuito do marketing lucrativo, estabelecer uma presença que possibilite ter retornos a médio e longo prazos são a nossa prioridade. Para facilitar o seu caminho, eu tenho algumas recomendações:

DICA 1 – Atualmente, **ter uma presença on-line não é uma opção, é uma obrigação** para negócios de qualquer porte e qualquer segmento. Desde as menores marcas até as gigantes, como Coca-Cola, usam canais digitais para comunicar-se com o público. Além disso, quando alguém se dá conta de que precisa de uma coisa e não sabe onde comprar, ela vai ao Google pesquisar onde encontrar. Se a sua empresa não aparece lá, seus concorrentes vão aparecer. Além disso, a batalha pela atenção e lembrança dos consumidores atualmente está muito mais no online do que no offline. Você já reparou quanto tempo alguém fica olhando para a tela do próprio celular por dia? Repare, pois isso será fundamental para você, como gestor de marketing.

DICA 2 – O seu objetivo deve ser **manter-se presente para as mesmas pessoas**. Não adianta aparecer uma vez só, pois dessa forma não estaremos criando lembrança de marca. A presença requer constância, frequência e permanência e isso nos leva à terceira dica.

DICA 3 – A lembrança é reforçada pela **frequência** com que aparecemos e pela **constância** com que nos mantemos presentes. Isso quer dizer que se você ficar iniciando e parando novos pontos de comunicação não vai lhe trazer mais do que grandes contas para pagar.

Imagine que você comece um perfil no Instagram e decida publicar conteúdos todos os dias. No primeiro mês corre bem, os seguidores começam a aparecer e engajar nos *posts*. Mas no segundo mês você recebe mais encomendas do que o habitual e fica sobrecarregado(a) de trabalho, não tendo mais tempo para criar *posts* todos dias. O Instagram fica abandonado por 20 dias, você não publica nada. Depois retorna assim que pode, se desculpando com a audiência e prometendo "aparecer mais". Audiência, que audiência? Nessa altura, o Instagram já acha que não vale a pena entregar seus *posts*, seus seguidores já buscaram outros perfis para poder se entreter diariamente. Alguns já até esqueceram que você existe. Cruel? Não, é simplesmente assim que nós funcionamos — humanos que vivem em uma era ultraconectada, rápida e com excesso de oferta de informações.

DICA 4 – Se você tem uma **presença on-line bem construída**, quem procura você e quem procura pelos serviços que você oferece, **consegue encontrá-lo(a)**!

Como construir uma presença on-line

Se eu pudesse lhe dizer onde investir para construir uma presença on-line, se você está começando agora, eu recomendaria exatamente isso:

Comece pelo básico do básico!

São os três pilares para construir uma **presença on-line fundamental**, que garantem a sua empresa ser encontrada:

1. Tenha um **website**. Um website sempre atualizado com quem você é; o que você faz; onde se localiza e como contatá-lo(a).
2. Tenha um perfil no **Google Meu Negócio**. Esse cadastro é gratuito e muito utilizado para localizar empresas e serviços na região do consumidor que está à procura. Quando feito corretamente, o seu cadastro no Google já assegura as primeiras posições quando pesquisam pelo nome da sua empresa.
3. Use as **redes sociais** profissionalmente em uma regularidade possível! Mantenha a constância e qualidade, publicando no mínimo 10 *posts* por mês. Eu sei que você consegue :).

Imagem 14 – Presença online fundamental

Autora Rafaela Sanzi, contém ativos do Canva.

Se você já tem alguma experiência empreendendo, já está organizado e tem uma equipe de apoio, que ajudam na comunicação da empresa, então eu recomendo dar mais um passo e acrescentar mais dois pontos de contato para ampliar e reforçar a presença de marca: anúncios e e-mail marketing. Enquanto os anúncios entram no circuito como geradores de leads, o e-mail marketing nutre esses leads e os amadurece para comprarem de você. Esse *upgrade* de presença vem acompanhado de um acréscimo de investimento. Entretanto, se você tiver condições de investir, aconselho a implementar a **presença online expandida**:

1. **Website.**
2. **Google Meu Negócio.**
3. **Redes sociais.**
4. **Anúncios nas** redes sociais e anúncios no buscador Google.
5. Implementar um programa de **e-mail marketing**, que capta, nutre e converte leads em clientes.

Imagem 15 – Presença online expandida

Autora Rafaela Sanzi, contém ativos do Canva.

Vê como a presença on-line vai ficando cada vez mais sólida quando é apoiada por diversos pontos de contato? Agora, imagine o que isso representa na prática, em números para o seu negócio. Vamos fazer um pequeno exemplo ilustrando o que seria essa presença on-line de marca matematicamente falando:

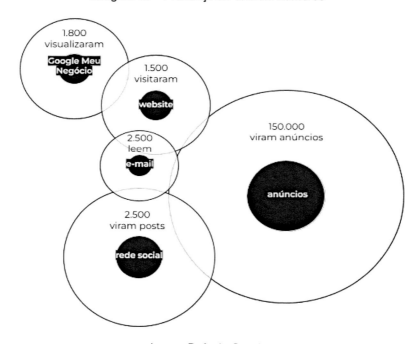

Imagem 16 – Presença on-line em números

Autora Rafaela Sanzi.

Vamos fazer as contas?
- Quase 160 mil vezes a marca foi vista em um mês.
- Descontando as repetições — pessoas que viram mais de uma vez —, chegamos a mais de 140 mil pessoas únicas.

Em outros termos, com esses canais e esses números, você estaria contatando, criando relacionamento e preparando mais de 140 mil pessoas para tornarem-se seus clientes em um futuro próximo.

Aliar múltiplos canais é interessante, porque cria as intersecções que você vê na imagem. Esses espaços onde dois ou mais canais de comunicação estão sobrepostos é onde criamos reforço de lembrança, credibilidade e relacionamento com o público. Alguém que recebe seus e-mails, lê artigos no seu blog e ainda recebe anúncios, estará mais propensa a se tornar um cliente do que alguém que só acompanha nas redes sociais.

Outra vantagem em ter diversos canais de comunicação é que cada canal tem maior potência de influência em um estágio particular da jornada do cliente. Anúncios e o Google Meu Negócio tem mais poder de influenciar na **descoberta** da marca e transformar desconhecidos em conhecidos. Redes sociais e website podem influenciar na **avaliação de alternativas e tomada de decisão** de compra, enquanto e-mail marketing fortalece a **credibilidade, o relacionamento, a compra e a recompra**.

Nós não vamos entrar em detalhes aqui sobre como operar cada um desses canais, mas esse é um conhecimento que você vai ter de buscar para conseguir fazer uma comunicação bem feita, combinado? O seu papel, nesse momento, como técnico do time, é criar a estratégia de jogo, ou seja, escolher os pontos de contato — presenciais e digitais e as ações de comunicação que irão emanar destes pontos para criar um circuito de presença de marca efetiva!

Antes do exercício... lembre-se disso!

Quando pensar em iniciar um novo ponto de contato, pergunte-se se você vai conseguir manter a frequência e a constância. Aqui, está uma lista de perguntas que vai ajudá-lo(a) a tomar decisões de quais pontos de contato iniciar:

- Com que rapidez você consegue dar resposta a solicitações de consumidores nesses pontos de contato?
- Com que frequência você fará atualizações?
- Vai conseguir manter a constância de comunicação?

- Quanto custa iniciar esse ponto de contato? E quanto custa mantê-lo? Você consegue manter o investimento a longo prazo sem prejudicar as finanças do negócio (ou as suas finanças)?

Exercício 24 – Defina a sua presença.

Defina que pontos de contato a sua marca vai utilizar para estabelecer a presença e liste ações de comunicação que serão feitas em cada ponto de contato. Pense em utilizar pelo menos os pontos de contato on-line básicos e mais alguns que você considere essenciais.

Ponto de contato offline	Ações de comunicação
Pontos de contato online	Ações de comunicação

Impacto da sua presença. Faça um desenho considerando todos os pontos de contato eleitos no exercício anterior, com cada círculo ao redor do ponto de contato, representando a potência e estimando o número de pessoas impactadas por cada ponto por mês (ver a Imagem 15).

Use a sua imaginação! Lembre-se de que há poder em nossa imaginação! Além disso, os objetivos traçados (passo 3) podem lhe dar pistas de que números fariam mais sentido para realizar esses objetivos.

Passo 6: faça a venda ganha-ganha

O sexto passo é colocar em ação o segundo circuito do nosso Sistema Marketing Lucrativo — o circuito da venda.

Imagem 17 – Passo 6: faça a venda ganha-ganha

Sistema Marketing Lucrativo

02 Venda

realizar a vendas 'ganha-ganha'. o cliente vê que os benefícios são maiores do que o valor investido.

Autora Rafaela Sanzi, contém ativos do Canva.

Depois que você estabeleceu uma presença, encontrou o público com perfil para se tornar o seu cliente, chega o momento da verdade: será que ele vai tomar a decisão de comprar de você?

Você pode pensar que a decisão de compra está fora do seu controle, mas a verdade é que você tem um grande poder influência sobre isso. Vou lhe provar como você vai influenciar as vendas e o que <u>não deve fazer</u> para as pessoas comprarem de você.

Fundamentos da venda

Quando uma pessoa decide comprar, é porque ela vê mais benefícios no produto do que custos. Ou seja, ela acredita que o produto vale mais do que o preço. É importante frisar que eu usei as palavras "vê" e "acredita", porque se tratam de **impressões e expectativas** que o consumidor tem durante a compra que podem ou não se provar verdadeiras depois do uso.

Se você forçar a venda ou enganar o cliente, vai ser 'um tiro no pé', pois resulta em péssimas avaliações, reclamações e má publicidade para você. Por outro lado, se as expectativas do cliente forem atendidas ou superadas, você tem um cliente satisfeito que pode até fazer propaganda e trazer mais clientes para você. O que você prefere?

Por isso, você deve sempre fazer vendas do tipo "ganha-ganha".

Lembre-se daquela frase sobre você vender para pessoas que ficarão gratas por terem comprado. Tanto você deve ficar feliz com o que ganha em troca quanto o seu cliente. É nisso que você deve se concentrar. Ao longo deste capítulo sobre vendas, o meu papel é orientá-lo(a) a fazer vendas que disparem um processo lucrativo para o seu negócio a longo prazo.

Como assim, fazer vendas que deem lucro a longo prazo? Fazendo vendas honestas e benéficas para os seus clientes, você já está dando o primeiro passo para a maior satisfação e fidelização dos clientes e isso a longo prazo é o que traz maior rentabilidade para as empresas.

Imagem 18 – Vendas honestas geram lucro a longo prazo

Autora Rafaela Sanzi, contém ativos do Canva.

A venda é o início de um relacionamento, um compromisso que você assume com o seu cliente. Você quer começar com o pé direito em um relacionamento, não quer? Então, faça uma **oferta encantadora**, uma **venda extremamente honesta**, oferecendo um **pacto benéfico e claro**.

A fase de sedução e paquera da nossa empresa com potenciais clientes vem com um dilema perigoso: trazer dinheiro para o caixa da empresa *versus* ser honesto e vender apenas o produto certo para a pessoa certa.

Quando não fazemos vendas honestas, isso causa estresse e frustração nos clientes. É como achar que vai levar um filme de romance para casa e acabar vendo um filme de terror. Você já se sentiu frustrado(a) com uma empresa que não cumpriu o que prometeu?! Na minha região, quando isso acontece, costumamos dizer que nos venderam "gato por lebre".

Na minha experiência, as empresas fazem **vendas de má qualidade** em duas situações:

1. Quando a empresa está **focada no curto prazo**. Geralmente isso acontece, pois há:
   - Endividamento, contas se acumulando, pouco dinheiro em caixa.
   - Pressão dos sócios para a empresa dar a eles maior retorno financeiro.
   - Desejo de ser maior do que os concorrentes, ambição, ego ou desejo por status.
2. Quando **o produto é ruim**. Se o produto não oferece benefícios reais para os consumidores, comparado com o seu preço e com os produtos concorrentes, o produto não vale a pena. Aí os vendedores e as propagandas deliberadamente exageram nas suas qualidades para conseguir vender.

Já conversamos sobre a importância de você ter qualidade e excelência em tudo que faz para construir um **bom *karma***. Evidentemente vender produtos ruins não constrói um bom karma.

Ainda vamos falar mais sobre qualidade de produto no terceiro circuito. Por isso, agora, vamos ficar com o primeiro motivo, quando as vendas estão orientadas para o curto prazo.

Como não cair na cilada do curto prazo?

Quando você tiver um problema financeiro, um problema de caixa, não são as vendas que irão resolver. Se você se desesperar e começar a pressionar as vendas o seu problema pode piorar, ao invés de melhorar. É a gestão financeira que precisa de ajustes, nesses casos você vai assumir o papel de **mestre das planilhas** e encontrar a resolução lá.

Se for uma daquelas pessoas que quer crescer rápido — custe o que custar... eu espero conscientizar você sobre quão prejudicial para a sua empresa é enganar clientes para ter mais dinheiro no bolso.

"Só é bom vender hoje se isso não prejudicar as suas vendas amanhã."

Outro fator que você deve ter atenção para não cair na cilada do curto prazo é na **gestão da equipe de vendas**. Se não for você quem vai fechar as vendas, treine o vendedor ou o time de vendas na **arte das vendas limpas**. Estabeleça regras claras, se for preciso, monte um manual para treinamento e consulta.

Além disso, evite comissões agressivas sobre vendas. Opte por um pacote de incentivos que pondere metas de vendas com satisfação e retenção de clientes. Assim, a sua equipe adquire maturidade para ver valor nas vendas que garantem clientes felizes a longo prazo.

Prepare o time de vendas para alinhar expectativas do cliente e esclarecer dúvidas sobre o produto antes de fechar a venda. Tudo isso ajuda a aumentar o nível de satisfação, criando relacionamentos lucrativos e de longo prazo.

Caso real: como a pressão nas vendas causou estragos na Mentora de Marketing

Em 2021, eu estava determinada a fazer a minha empresa crescer. Tudo começou com uma oportunidade que bateu à nossa porta, uma proposta de sociedade que poderia triplicar o tamanho da nossa empresa no Brasil. Na época, éramos apenas três pessoas na empresa. Eu, meu esposo e uma assistente de marketing, atendemos 10 clientes, alguns em Portugal e outros no Brasil.

O pacto incluía utilizarmos a *expertise* dela na área de vendas da agência, aumentar o faturamento, fazendo dela sócia. Ideia encantadora! Quem não quer ter mais dinheiro no bolso sem fazer esforço? Ainda imatura e ingênua sobre a qualidade das vendas que a agência precisava, eu topei!

O que aconteceu na sequência eu só posso classificar como uma série de aprendizados. Subimos preços e passamos a fazer vendas mais agressivas e persuasivas. Naquele mês, fechamos uma venda com um lead que estava nitidamente insegura de nos contratar para a gestão de redes sociais.

Durante a reunião de fechamento, com a segurança que nós transmitimos, a cliente nos contratou na hora com um sorriso radiante. Dava para ver que ela estava cheia de esperança, visualizando o sucesso da sua empresa, aumento das vendas etc.

> Na prática, aquela se tornou a pior cliente do ano! Era um estresse trabalhar com ela, porque ela tinha expectativas irreais. Nosso trabalho nunca estava bom o suficiente, trabalhávamos muito mais horas do que era suposto, na esperança de agradá-la, mas não tinha jeito. A nossa saúde mental foi para o espaço, a cliente ficou cada vez mais frustrada, porque não atendemos a expectativa que ela criou no início, na hora da contratação. Acabamos por mudar duas ou três vezes os serviços e acabamos por romper o contrato em menos de seis meses. O relacionamento com essa cliente não terminou bem, para dizer o mínimo.
>
> Erro cometido, lição aprendida: para alguém assumir a responsabilidade de fazer as vendas da agência, é preciso intenso preparo e treinamento na arte das vendas ganha-ganha.
>
> Desde então, sou eu mesma quem faz todas as reuniões de prospecção, venda e fechamento de novos contratos. A minha falta de "habilidade de vender" tornou-se um bem valioso, porque, sendo muito honesta e reduzindo as expectativas do cliente, eu consigo fechar apenas aqueles que realmente acreditam no que eu acredito — fazer marketing tendo em vista resultados de médio e longo prazos.

Fazer vendas honestas não quer dizer ser "sem graça" ou não ter argumentos. Se a venda é a fase de seduzir e conquistar, precisamos demonstrar o nosso charme! Qual é o seu charme? Lembre-se do posicionamento, dos seus pontos fortes e diferenciais para elaborar argumentos de venda.

O que pode encantar o seu cliente na maior parte das vezes não é tangível, pode nem estar no produto. A personalidade do empreendedor é muitas vezes o motivo, porque os clientes optam por uma empresa e não pela outra. A comodidade, facilidade e a clareza do que vai sempre encontrar podem ser motivos fortes o suficiente para um cliente optar por comprar de uma empresa e não de outra. Nesse caso, manter-se estável e com o mesmo padrão de qualidade a longo prazo é fundamental para conquistar e manter clientes.

O segredo para vender mais: conheça profundamente o seu cliente!

Entender as reais necessidades e as expectativas do consumidor é o que realmente vai fazer com que você ofereça o produto certo para a pessoa certa, que resulta em venda ganha-ganha. Dispa-se do que você acha que é importante para o cliente e coloque-se no lugar dele — o que realmente ele valoriza na sua empresa, no seu produto, em você?

Ao conhecer profundamente o cliente, você prepara argumentos de venda apenas com as características que o consumidor reconhece e valoriza. Mesmo que o seu produto tenha qualidade superior, mas o seu cliente valoriza mais o design do que a qualidade, por exemplo, você pode se concentrar apenas no design na propaganda, no cartaz e no *pitch* de vendas. Ao fim e ao cabo, o que é vantajoso e não foi publicitado pode acabar por ser uma ótima surpresa e aumentar a satisfação no terceiro circuito. É sempre bom ter mais coelhos na cartola para surpreender o cliente.

Caso da Loja Jony Calçados – 45 anos conhecendo os clientes

Meu pai foi empresário por 45 anos. Até os meus 27 anos, eu convivi com o universo dele, dentro da loja de calçados, vendo como tomava decisões, como comprava produtos, geria estoques e liderava a equipe de vendedores.

Um dos maiores talentos do meu pai é ler pessoas. Ele é uma pessoa muito influente, porque tem atenção e sabe interpretar as pessoas. Isso repercutiu diretamente na empresa, à medida que ele entendia exatamente o que o cliente queria.

Como comprador da loja, ele batia o olho no produto e no preço e sabia se ia vender ou não. Ele sabia qual era o limite de preço que o cliente estava disposto a pagar e qual era a qualidade aceitável.

Os clientes da loja do meu pai ganhavam o salário-mínimo, portanto, tinham que optar por calçados que fossem baratos e durassem até ser possível comprar outro. Meu pai dizia que muitas mães iam lá na loja comprar "o tênis do ano" para o filho usar na escola. Como ele sabia disso? Porque estava pelo menos uma hora por dia no meio da loja, só ouvindo.

Por isso, uma das garantias que a loja oferecia era do cliente poder trocar o produto em até 30 dias. Por conta da qualidade do produto ser mais baixa, acontecia, por exemplo, do calçado descolar ou descosturar no primeiro mês. A troca era garantida! Também era garantida a troca de produtos por tamanho. Como geralmente era a mãe que comprava para a família toda — avô, filhos, marido —, havia muitos casos de troca por numeração. As trocas eram indolores, rápidas, sem perguntas chatas e caras feias. Por isso, os clientes da loja sempre voltavam, eles sabiam que podiam confiar!

Inteligente, meu pai monitorava o número de trocas por defeito de cada produto e fabricante, para aprender o que comprar e o que não comprar. Um processo contínuo de análise e melhoria, aliado a um alto compromisso com o cliente.

O mantra de uma pequena loja de calçados que formou quem eu sou:

"A satisfação do cliente é o sucesso da loja!"

Encontrando o argumento CERTO de vendas

Como você pode perceber, venda não é uma ciência exata. Conhecer profundamente o cliente, descobrir o que ele valoriza, colocar isso na sua comunicação e ter retorno leva tempo.

A comunicação eficaz não tem fórmula, demanda testar, errar, aprender e tentar de novo. Você vai precisar montar o seu laboratório de ensaios e usar as mentalidades de **teste** e **persistência**. Use a sua intuição, teste diferentes comunicações, fale continuamente com clientes, mensure os resultados dos seus testes, compare com testes anteriores e tire as suas próprias conclusões.

Vejo muitos empreendedores buscando profissionais *copywriters* para resolver um problema de vendas da sua empresa. Isso não dá certo, sabe o porquê? O *copywriter* sabe escrever argumentos de venda fabulosos, mas não conhece o seu cliente, não passou por todas as experiências que você já passou na sua empresa. Quem tem de descobrir o que o cliente valoriza é você. Só então, baseado nas informações que você já tem, que o *copywriter* vai poder ajudar a criar textos mais apelativos para os materiais de comunicação.

Organizando os seus pontos de contato para maximizar as vendas

No circuito da presença, nós definimos alguns pontos de contato da sua empresa com o mercado consumidor. Lembre-se que alguns pontos de contato são usados para vendas, outros mais para descoberta ou relacionamento com clientes. Importa-nos aqui no circuito de venda orquestrar quais e como os pontos de contato e ações de comunicação servirão para o propósito de vender.

Tenha atenção redobrada onde chegam os contatos de potenciais clientes.

- As pessoas costumam fazer pedidos por telefone? Certifique-se de que alguém vai atender esses telefonemas.
- Preferem fazer pedidos por mensagem nas redes sociais? Fazem perguntas sobre produtos em comentários de publicações? Sucesso é responder a essas questões nas redes sociais em no máximo 15 minutos!
- Sentem-se mais confortáveis ao fazer pedidos no site? Organize para receber notificações do seu site e saber rapidamente quando os pedidos são registrados.

Como é possível estar à disposição e responder rapidamente a todas solicitações de possíveis clientes e ainda gerir toda operação do negócio? O segredo é manter simples e pequeno o canal de vendas! Um grande erro é abrir vários canais de comunicação e depois não dar resposta ágil aos consumidores. A rapidez de resposta é cada vez mais importante, um dia para dar resposta a uma mensagem no

Facebook pode ser o tempo suficiente para o consumidor comprar do concorrente. Por isso, apenas tenha canais de venda que você consegue dar resposta rápida e com qualidade. Nesse caso, menos é mais! Combinado?

Não há problema em restringir opções de contato. Desde que ofereça alguma opção que facilite a vida para o cliente. Atualmente, as pessoas estão acostumadas a entrar em contato por WhatsApp, por exemplo, seria uma solução prática de oferecer como canal de vendas o número de Whats da empresa.

Falamos sobre iniciar um relacionamento de longo prazo com o cliente, isso vai demandar o seu tempo, atenção e muito cuidado no atendimento a clientes. Durante os atendimentos on-line, principalmente, demonstre interesse, evite respostas curtas demais. Faça perguntas que o ajude a direcionar o cliente para o que ele precisa.

Não faça das vendas um bicho de sete cabeças!

Quanto melhor a qualidade das suas vendas, menos tempo você vai dedicar nesse 2º circuito. Concentre-se em conhecer profundamente o seu cliente, oferecer o que ele deseja, de uma forma honesta e ser prestativo no atendimento. Seguindo essas instruções, mesmo não sendo um perito em vendas, você vai se dar bem, confie em mim!

Exercício 25 – Elabore uma política de vendas ganha-ganha.

Reflita sobre o capítulo e elabore a sua política de vendas, quais são as regras internas da empresa e diretrizes que guiam e orientam a sua equipe de vendas para fazerem sempre vendas que geram impacto positivo a longo prazo.

Mochilão do Empreendedor de Sucesso

Passo 7: encante o cliente por meio da experiência

O terceiro circuito do sistema de marketing lucrativo é o da satisfação, depois que você estabeleceu uma presença, encontrou o público certo, fez a venda, conquistou o bolso do cliente, agora é hora de conquistar o coração!

Imagem 19 – Passo 7: encante o cliente por meio da experiência

Autora Rafaela Sanzi, contém ativos do Canva.

O circuito da satisfação trata-se de a empresa entregar o que prometeu na venda e encantar o cliente por meio da experiência de consumo e atendimento. Primeiro, entenda que satisfação do cliente para o marketing é uma equação simples:

Experiência − expectativa = nível de satisfação.

Quando a experiência de compra e pós-compra é melhor do que a expectativa, temos um cliente satisfeito. Quando a expectativa é maior do que a qualidade da experiência, então, temos um cliente insatisfeito.

A **expectativa** é um jogo de percepção mental (mais um!). Como gestores de marketing, por um lado, queremos estimular a imaginação e aumentar a expectativa dos consumidores para que tenham vontade de comprar. Por outro lado, não podemos exagerar na criação de expectativas, pois ela pode acabar causando insatisfação nos clientes.

Sabemos que as expectativas se formam antes e durante o processo de compra, ou seja, nos circuitos 1 e 2. Já a experiência, essa, sim, acontece no circuito 3, quando o consumidor já se tornou o nosso cliente. Mas o que forma e influencia a **experiência**? Onde exatamente empreendedores podem agir para influenciar no aumento da satisfação? Você vai encontrar oportunidades de melhorar a experiência do cliente a partir do momento do pagamento e conclusão da venda até o final da vida útil do produto ou serviço.

6 Oportunidades para encantar o seu cliente

Encante o cliente, conduzindo-o a uma boa experiência nestas oportunidades:

1. Antes e durante o pagamento.
2. Quando recebe o produto.
3. Durante o uso do produto.
4. Durante toda a vida útil do produto.
5. No caso de serviços, quando o serviço é prestado.
6. Durante o atendimento ou suporte pós-venda.

Como ter um circuito de satisfação BLINDADO

#1 Entregue o que prometeu e mais

O segredo para ter clientes felizes é surpreender! Se você entregar o que prometeu ou mais, estará forçando a equação da satisfação para o lado positivo! Veja alguns exemplos de como surpreender seus clientes:

- Reforce a qualidade do produto nos atributos-chaves — aqueles que os consumidores mais valorizam, prestam atenção. Também reforce a qualidade das características que você anuncia como diferencial. Se as suas campanhas anunciam que o produto é durável, por exemplo, garanta que ele tenha uma longa vida — mais longa que a expectativa média das pessoas.
- Uma boa tática é deixar algumas vantagens e diferenciais do seu produto fora da comunicação. Assim, o cliente vai ter boas surpresas na fase de utilização.
- Ofereça uma garantia estendida ou um serviço de suporte acima da média. O truque está na qualidade do suporte, não na quantidade. Invista na qualidade do atendimento de garantia para ter a chance de resolver eventuais problemas que podem causar insatisfação. Lembre-se do caso da Jony Calçados, 30 dias de garantia não era um diferencial, mas a forma como a troca era feita — rápida e eficaz, sem perguntas ou olhares desconfortáveis — isso sim aumentava a satisfação e a fidelidade dos clientes.
- Dê um "mimo", um brinde. Você pode acompanhar o produto de um brinde, dentro da embalagem. Pense em algo simples e barato, mas personalizado, que combina com o produto e influencia o cliente a gostar mais ainda do produto.

#2 **Encante por meio da experiência**

Sem dúvida, um dos maiores impactos na satisfação é a experiência do consumidor. Proporcione experiências memoráveis. Você tem inúmeras oportunidades de encantar o cliente, desde a embalagem, a forma como conversa e atende, design do produto, nos detalhes que o cliente só vai ver com atenção em casa, por exemplo. Seja criativo(a)!

Uma forma simples de encantar é causar boas sensações durante o uso do produto. Um exemplo foi a minha experiência com os tênis Fila. Quando eu calcei pela primeira vez os tênis da Fila, já aqui em Portugal, eles eram tão macios e confortáveis que eu lembro de me sentir caminhando nas nuvens. Naquele instante, a marca me conquistou. E, depois, durante dois anos de uso dos tênis, nenhum calo ou bolha, nada! Mesmo amigos dizendo que preferem outras marcas de tênis, por isso ou aquilo, para mim não tem dúvida, sou fiel à Fila.

Você também pode criar experiências únicas e exclusivas para clientes. A loja faz aniversário e você convida apenas clientes para comemorar junto, faz disso um momento para ficar na memória.

Eu adorava a semana de lançamento de novos produtos da loja Jorge Bischoff, em Porto Alegre. Era uma surpresa ser recebida na loja com espumante e ainda ter a loja cheia de novidades, as novas coleções eram sempre de arrasar! Proporcionar experiências assim constrói memórias marcantes! Além de aumentar a satisfação, cria vínculo e relacionamento.

Se os produtos são entregues em casa, que tal pensar em uma forma de embalar diferenciada, que proporciona prazer e encantamento para o cliente ao abrir?

Uma das melhores experiências de desembalar produtos foi com a TAG – Experiências Literárias. O nome já diz tudo, né?! A caixa de papelão era personalizada, com fita nas cores da empresa, mas, além disso, o livro vinha dentro de uma caixa personalizada, junto com uma revistinha e um brinde. Cada mês vinha um brinde diferente. Foram os livros de literatura mais caros que eu já comprei e os que me proporcionaram o maior prazer. Até hoje, eu tenho uma admiração suprema pela TAG, as memórias e sensações que a marca me causou marcaram de verdade.

#3 Melhore produtos e serviços

O mundo muda, as expectativas mudam, portanto os produtos e serviços devem mudar também! Programe períodos cíclicos de melhoria nos seus produtos e na forma como presta os serviços, por exemplo, uma vez por ano olhar atentamente para o portfólio e identificar onde se pode melhorar.

- Como você pode melhorar na qualidade?
- É possível aumentar a durabilidade?

- De que forma o produto pode executar melhor a sua função?
- O que pode ser melhorado no processo para trazer um resultado para o cliente?
- Como deixar o produto mais bonito, agradável, moderno?

Tome a iniciativa de melhorar sem que os clientes solicitem!

Você conhece profundamente os seus clientes, também conhece detalhadamente seus produtos. Isso é tudo que precisa para se antecipar e ser proativo em fazer melhorias no seu negócio.

Faça melhorias pensando na felicidade do cliente, na facilidade de execução da melhoria, no custo e tempo envolvido, avaliando possíveis impactos no preço. Não queremos demorar imenso tempo desenvolvendo uma melhoria em um produto que vai implicar em cobrar um preço que os clientes não estão dispostos a pagar.

O segredo das melhorias está nos detalhes, na rapidez com que se consegue fazer e no aumento do valor percebido pelo cliente.

O pior cenário é quando você faz melhorias porque os clientes reclamaram ou sugeriram, isso quer dizer que os clientes já estão insatisfeitos. Nesses casos, você está correndo atrás do prejuízo, vai fazer melhorias para evitar perder esses clientes e para evitar ter ainda mais clientes insatisfeitos.

#4 Inove

As melhorias são obrigatórias e já esperadas. Já as inovações são grandes surpresas que podem trazer com isso bons resultados financeiros e crescimento para a empresa. Não é preciso ser um gênio da ciência e tecnologia para inovar. Eu sei que você é capaz de inovar, sabe o porquê?! Porque você tem o que é preciso para inovar: conhecimento profundo a respeito do cliente.

Inovar é uma qualidade que pode ser adquirida, as competências requeridas para se tornar um profissional inovador já estão na sua mochila. O empreendedor inovador busca constantemente oferecer o que o cliente ainda não sabe que precisa. Essa busca passa por identificar **oportunidades**, modificar produtos e processos, **testá-los em pequena escala**, **aprender** com os erros, tomar a decisão do que funciona e escalar para toda empresa.

O verdadeiro inovador não é o inventor clássico que é apaixonado por sua criação, é aquele que é apaixonado por resolver um problema, tem o compromisso com o problema e por isso é desapegado da criação. A primeira, segunda e terceira criações podem ser inúteis e vão ser descartadas, porque não resolvem bem o problema do cliente, a quarta criação pode ser a melhor solução e, mesmo assim, vai passar por diversos aprimoramentos até se tornar uma solução definitiva. Por isso que o inovador não pode apegar-se na sua criação e sim no problema.

Esteja atento(a) aos sinais de oportunidade que os seus clientes emitem, dê asas à sua imaginação, permita-se ser inventivo, explorar e testar ideias, mas mantenha os dois pés no chão e saiba reconhecer quando uma ideia não é mais do que uma ideia.

#5 Preocupe-se genuinamente

Se tem uma coisa que encanta os clientes é perceberem que há alguém que se preocupa genuinamente com eles, que os entende e fará tudo pelo seu sucesso! Sendo alguém que ama o que faz, que empreendeu com um propósito claro, que tem uma missão, ter preocupação genuína com o cliente é natural.

Preocupar-se genuinamente com a felicidade do cliente, é estarmos de olhos e ouvidos atentos ao que eles têm a dizer, percebemos quando sorriem, quando demonstram impaciência e sabemos ler as entrelinhas do que nos diz.

Ao fazer isso de forma natural e consciente, ganhamos informações valiosas sobre como aumentar a satisfação do cliente. Além disso, demonstrar genuína preocupação aumenta o nível de qualidade do serviço e cria diferenciais incopiáveis.

É fácil mexer em uma característica do produto trocando um fornecedor, por exemplo, mas quão fácil é fazer com que os clientes realmente percebam que nós nos importamos? Preocupação genuína, como o nome já diz, não se pode fingir. Ou você se preocupa ou não se preocupa. Eu sinceramente espero que você esteja no primeiro grupo, para o seu próprio bem.

Cuidado: o crescimento pode drenar a satisfação de clientes

Você **tem paixão e vê propósito** no seu trabalho, é natural entregar muito mais do que os clientes esperam! Enquanto a sua empresa é pequena e você está à frente de tudo, é fácil ter clientes satisfeitos, mas o crescimento demanda contratar mais pessoas, delegar atividades, consequentemente afastando você na operação diária. Aí que mora o perigo!

Cada colaborador vê no trabalho um propósito distinto: ganhar dinheiro, ter reconhecimento, fazer o que ama, pagar as contas, ter estabilidade e segurança, crescer profissionalmente etc. Por isso, a maneira de ser do colaborador pode não estar alinhada com o compromisso que você quer assumir com o cliente. Se você não tiver atenção contínua à seleção e ao treinamento da sua equipe, será impossível manter um alto nível de satisfação dos clientes.

Quais são as chances de contratar alguém com desempenho medíocre na sua empresa — que vai fazer apenas o mínimo para manter o emprego? É preciso pensar nisso, porque a mediocridade mata mais empresas do que você imagina. Com o alto nível de competitividade e o elevado número de opções que as pessoas têm hoje em dia, apenas empresas com equipes de alto desempenho sobrevivem aos primeiros anos e mantêm-se vivas por longos períodos.

Estabeleça altos padrões para contratação de novos funcionários, fornecedores e parceiros para blindar o seu circuito de satisfação, garantindo que o seu esforço e comprometimento com o cliente seja fortemente transmitida na hierarquia.

Na minha região, tem um ditado popular que contém muita sabedoria:

"O olho do dono engorda o gado."

O que isso quer dizer? Quer dizer que o dono da empresa é o maior beneficiado com o seu sucesso, por isso ele é o maior interessado e o que mais se esforça para que tudo dê certo! Estando o dono perto do gado, nesse caso próximo à operação da empresa, ele tem máxima atenção aos detalhes, preocupação com o cliente, tem empatia, cuidado redobrado, estando sempre de olho no futuro. É por isso que pequenas empresas crescem em uma velocidade muito maior do que grandes empresas, na minha opinião.

Quando a empresa começa a crescer e o "dono" afasta-se da operação, a qualidade cai, os níveis de satisfação diminuem. Essa é a tendência natural, mas não precisa ser assim, porque existe um caminho para crescer em uma velocidade menor, sem abrir mão da qualidade.

Uma vez que você não vai ter controle total do processo na sua empresa por muito tempo, quando começar a crescer e tiver colaboradores, garanta treinamento constante, estabeleça altos padrões de qualidade, defina procedimentos e protocolos e tenha formas de verificar que a qualidade pretendida está sendo alcançada.

"Uma empresa sem clientes satisfeitos não tem futuro."

Resumindo, o circuito satisfação é a base de uma empresa duradoura, porque garante a felicidade dos seus clientes e encontra o propósito no que faz. Não busque nada menos do que um alto índice de satisfação, pois clientes felizes continuam comprando de você e ainda recomendam a sua empresa para outras pessoas.

Vamos falar sobre pesquisa de satisfação?

Até agora não falamos sobre pesquisa de satisfação em um capítulo que é sobre satisfação e eu vou explicar o porquê. Não quero que você se prenda em pesquisas e números de satisfação, porque a satisfação que vai fazer o seu negócio prosperar não tem a ver com isso. Você já sabe que tem de encantar clientes, fazer por merecer e os resultados disso vão vir nas vendas, não na pesquisa de satisfação.

Por isso, se você precisa de uma pesquisa, você não está fazendo um bom trabalho em encantar clientes. Enquanto você tem uma empresa pequena, a pesquisa de satisfação é você estar de ouvidos atentos, como o meu pai no meio da loja todos os dias. Você como dono(a) tem contato direto com os clientes, então, você já tem a medição da satisfação na sua cabeça e no seu caixa.

Depois de a empresa crescer, a fórmula é a mesma, mas, ao invés de estar todos os dias, você vai dedicar alguns dias ou algumas horas por mês para dar essa atenção direta ao cliente, observar o momento da compra, conversar com ele durante o pagamento, sentir o clima no espaço físico. É assim que você tem a realidade da satisfação.

O que vale uma resposta em um formulário? Quando um cliente preenche uma pesquisa dizendo estar insatisfeito, você já perdeu esse cliente. A única utilidade desse formulário é de você compreender o porquê o perdeu e agir rapidamente para mudar o seu sistema para que situações como essas não se repitam no futuro. Se isso chega a acontecer, é porque você está cometendo graves erros há algum tempo e a sua empresa está em risco, porque não fez um bom trabalho no circuito 3.

Além disso, é muito raro conseguir converter um cliente insatisfeito a comprar de novo. Por isso, você deve fazer o máximo para encantar e satisfazer clientes enquanto tem a oportunidade — bem antes de enviar uma pesquisa!

Foque em encantar o cliente, assim você não vai precisar enviar pesquisas de satisfação.

Exercício 26 – Crie práticas que elevem a satisfação dos clientes.

Reflita sobre o capítulo e anote as suas ideias sobre ações que pode adotar no seu negócio para aumentar a satisfação dos seus clientes e mantê-la em altos níveis continuamente.

Passo 8 – fidelize e rentabilize a carteira de clientes

No oitavo passo da gestão, quarto circuito de marketing, você vê como o Sistema Marketing Lucrativo começa a fechar-se e fazer ainda mais sentido. Tudo que nós trabalhamos nos circuitos de presença, venda e satisfação tem objetivo de preparar a empresa para maximizar resultados — receitas e lucros —, reduzindo riscos, custos, estresse, tempo e trabalho.

Imagem 21 – Passo 8: fidelize e rentabilize a carteira de clientes

Sistema Marketing Lucrativo
04 Rentabilidade
criar relacionamentos rentáveis com os clientes, aumentando a fidelização e o valor total gasto, mantendo a alta satisfação.

Autora Rafaela Sanzi, contém ativos do Canva.

Por que a rentabilidade é importante?

Empreender pode começar por um sonho, uma missão, um projeto de vida ou até uma necessidade. Seja qual for o motivo, fazemos o que é preciso para o empreendimento começar a funcionar e gastamos imensa energia. Vai chegar o momento em que você vai se perguntar: está valendo a pena? Devo trocar o meu projeto por um emprego fixo — quais as chances de eu ganhar mais como empregado do que na minha própria empresa daqui a 3 anos? Ou ainda, será que devo abandonar esse projeto e investir em outro com maior potencial de rendimento?

Quando essas perguntas pairam na sua cabeça, a questão da rentabilidade passa a ser importante. Mas antes de sair bolando teorias se vale ou não a pena, é preciso ter certeza de que você já fez tudo que é necessário para maximizar os resultados dessa empresa. Ter o Sistema Marketing Lucrativo implementado é o que vai dar a garantia para você avaliar com clareza se a sua empresa vale a pena.

> **"Ter uma empresa rentável é ter um negócio que vale a pena financeiramente para você!"**

E mesmo que a empresa não lhe dê o salário dos sonhos, se for um projeto realmente importante para você e que quer mesmo manter, colocar em curso os quatro circuitos do marketing lucrativo vai garantir pelo menos que tenha uma empresa com condições de ser saudável financeiramente e lhe proporcionar máxima felicidade.

A sua missão do circuito de rentabilidade é <u>aumentar o **valor total gasto**</u> pelo cliente durante o seu **período de vida na carteira**. Veja um exemplo:

A Maria foi à loja de informática e comprou um mouse no valor de R$ 50,00 em janeiro. Em julho do mesmo ano, Maria voltou e comprou um pen drive no valor de R$ 300,00. Depois disso, ela nunca mais voltou.

Então, a cliente Maria teve um período de vida na carteira igual a <u>6 meses,</u> quando gastou um valor total de <u>R$ 350,00</u>, ou seja, em média <u>R$58,33 por mês</u>.

A nossa missão será, então, estimular para que a Maria — assim como todos os clientes da loja — mantenha-se cliente durante mais tempo, comprando com mais frequência.

Se ganhamos o nosso lugar na memória da Maria, ganhamos o coração por meio de excelentes produtos e serviços e ainda oferecemos os estímulos certos para fidelizá-la, a Maria passa a dar preferência para comprar todos os suprimentos informáticos na mesma loja. Ao invés de permanecer apenas 6 meses como cliente, fica 3 anos conosco e gasta mais de R$ 7.000 nesse período, ou seja, em média R$194,44 por mês. Qual é o impacto financeiro que essa loja tem se consegue fazer isso com a carteira total de clientes?

Eu respondo essa! Essa loja triplicaria as suas receitas apenas vendendo mais para clientes habituais, ao mesmo tempo reduziria substancialmente os custos com marketing, aumentando seu lucro e rentabilidade!

Quatro circuitos interdependentes

Agora, você entende o porquê ter os três circuitos bem feitos é essencial para que o quarto circuito realmente gere rentabilidade?

- Pessoas que não sabem que a empresa existe não se tornaram clientes (circuito 1 – presença).
- Quando não veem valor real no produto, as pessoas não compram (circuito 2 – venda).
- Se você não satisfazer as expectativas e encantar por meio da preocupação genuína com a felicidade do cliente, ele não volta! (circuito 3 – satisfação).
- Ao final, há pouquíssimos clientes ativos para estimular a recompra e a permanência na carteira para ter impacto financeiro real para a empresa (circuito 4 – rentabilidade).

Vamos considerar que você compreendeu a importância e executou perfeitamente os três circuitos. Como você vai maximizar o tempo do cliente na carteira e fazê-lo gastar mais? Você vai maximizar a rentabilidade do seu negócio, evitando a **miopia em aquisição** e investindo nestes três pilares:

a. Portfólio de produtos e serviços.
b. Timing da oferta.
c. Valorização do cliente.

Evite a miopia em aquisição

Aquisição de clientes é conquistar novos clientes. Apesar de ser importante ter sempre novos clientes chegando lá no seu circuito 1, focar apenas na aquisição é uma espécie de miopia que resulta em secar o caixa da empresa, porque adquirir um novo é cliente mais caro do que manter clientes atuais.

Quando empresas apostam tudo em crescer apenas com aquisição de novos clientes, as despesas de marketing disparam, aumentando desproporcionalmente mais do que as receitas aumentam. Por isso, a tendência dessa miopia é esvaziar o cofre da empresa e torná-la insustentável, falida.

"Conquistar um novo cliente custa entre 5 e 7 vezes mais do que manter um atual" (Philip Kotler).

Faça o seu trabalho de presença e venda bem feito, porém não gaste toda a sua energia e dinheiro nestes circuitos, reserve de 60 a 70% para investir na satisfação e rentabilidade, porque é aí que você vai encontrar o OURO.

A mina de ouro está nos clientes que você já tem! A forma como você vai garimpar este ouro é esta:

a. **Portfólio de produtos e serviços**

Está nas suas mãos ter um conjunto de produtos e serviços que propiciem mais vendas para o mesmo cliente. Como isso funciona? Existem diversas oportunidades que podemos criar para aumentar a rentabilidade da carteira, vamos ver algumas delas:

- Ter produtos baratos, de consumo rápido e frequente, que favoreçam que o cliente visite a loja com maior frequência. Ao visitar a loja, ele encontra não só o que está procurando, mas outras oportunidades imperdíveis e promoções, por exemplo.

- Ter produtos de consumo lento, vida útil longa e preço mais alto, que proporcionem um vínculo de longo prazo com o seu cliente. Assim a sua empresa permanece na sua lembrança.
- Oferecer produtos ou serviços que se complementam e que podem ser oferecidos simultaneamente ou façam sentido serem oferecidos depois da compra para o mesmo cliente.
- Ter versões básicas até versões *premium* de um mesmo produto, que dá a oportunidade para um cliente "evoluir" naquela categoria de produto com o tempo, comprando um produto mais caro e mais completo.
- Oferecer algum tipo de serviço do tipo assinatura, com pagamento mensal recorrente.
- Ter produtos no portfólio com baixo custo, que possam ser utilizados ocasionalmente em campanhas promocionais como presentes.
- Ter produtos de edições especiais, limitadas e temporárias, que estimulam compras extras e não planejadas pelos clientes.

Em suma, todas essas ações têm o mesmo objetivo, oferecer mais oportunidades para que o cliente compre de você, oferecendo o que é útil e faz sentido para ele. Essas são apenas ideias, haverá certamente outras formas de estimular o aumento do gasto total de um cliente por meio da gestão de portfólio de produtos e serviços. Pense nas formas que fazem sentido para o seu segmento e para o perfil de consumidor que atende.

b. *Timing* da oferta

A segunda forma de aumentar a rentabilidade é fazer ofertas de produtos específicos na hora certa! Vamos pegar um exemplo simples, com que frequência você compra shampoo? Provavelmente, o tempo de recompra varia de um cliente para outro, pois uns compram embalagens grandes e usam sozinhos, enquanto outros clientes podem preferir embalagens menores e compartilhar com a família. É possível saber exatamente de quanto em quanto tempo o João compra shampoo e enviar um lembrete por e-mail de que está na hora de comprar um novo shampoo. Que tal adicionar a informação de preço do seu shampoo preferido e mais duas novidades que acabaram de chegar na loja? Ou periodicamente oferecer por e-mail um desconto exclusivo para o João manter-se interessado em continuar abrindo os nossos emails.

Oferecer o produto certo na hora certa para o cliente certo é o que potencializa o aumento do valor gasto de um mesmo cliente na sua empresa. Para isso, vamos utilizar de forma integrada sistemas de caixa com informações pessoais de clientes e um sistema de marketing por SMS ou e-mail. Esses três elementos combinados são essenciais para conseguirmos fazer ações personalizadas e, ao mesmo tempo, automatizadas.

Ganhe mais dinheiro e ganhe tempo, usando **automação.** Com as informações provenientes das compras de cada cliente, é possível trabalharmos com a segmentação dos clientes e criação de regras de automação, onde uma ação efetuada por um cliente — por exemplo, compra um shampoo — dispara uma ação automática do sistema — por exemplo, envio de um email após 30 dias com a oferta personalizada.

Para isso funcionar, não basta ter os sistemas, é preciso aplicar a sua inteligência de gestão de portfólio de produtos e o seu conhecimento profundo sobre o público. Você é a fonte de informação para criar regras de sistema que fazem sentido com o negócio e geram lucro.

Agora, olhe para o seu portfólio e procure identificar a relação entre os produtos e o tempo de recompra, onde há oportunidade para fazer ofertas periódicas e recorrentes para os compradores. Pesquise sistemas ERP específicos para o seu segmento que integram informações de transação, de clientes e ações de marketing automatizado.

c. **Valorização do cliente**

A terceira forma de aumentar a rentabilidade no Sistema Marketing Lucrativo é valorizar os clientes. A balança entre querer vender, vender, vender para o mesmo cliente tem de ser equilibrada com a genuína preocupação que, nessa etapa, é valorizá-lo constantemente.

Dar para receber. Demonstre que a sua empresa realmente é comprometida com o sucesso do cliente, não quer apenas vender e ganhar mais às custas dele, porque as pessoas pressentem uma empresa interesseira instintivamente.

Por isso, você deve encontrar variadas formas de valorizar os seus clientes. Não se apegue apenas em oferecer um desconto ou dar um cartão fidelidade. A questão essencial aqui é o afeto e atenção, não só recompensa.

Se for utilizar a estratégia do **cartão fidelidade**, pense em recompensas criativas, únicas e definitivamente não faça isso num cartão de papel com carimbos. O cartão do cliente, quando sabemos colocar a recompensa certa para o cliente usá-lo todas as vezes que compra, é uma excelente forma de atribuir um nome àquela compra no nosso sistema e alimentar as informações para os sistemas de marketing, sem ter que perturbar os clientes todas as vezes perguntando-o o CPF, por exemplo.

Uma vez que você conhece profundamente o seu cliente, sabe o que ele valoriza, você vai encontrar formas muito mais eficazes de demonstrar estima pelos clientes fiéis do que um cartão fidelidade, de acordo?

Saia da caixa com as ideias, mas depois seja realista sobre a capacidade de executar essas ideias. Mantenha simples, humano e pessoal no início.

Exercício 27 – Rentabilize a sua carteira de clientes.

Imagine que mais nenhum cliente vai entrar pela porta. Como você pode rentabilizar o seu negócio apenas com os mesmos clientes? Liste o que você poderia fazer. Revise o capítulo e faça uma lista de ideias.

_____

_____

_____

_____

_____

_____

_____

O que você vai fazer? Estas situações estão acontecendo na sua empresa, encontre formas de valorizar a sua carteira de clientes para maximizar o circuito de rentabilidade.

n.º	Situação	O que você vai fazer para valorizar o cliente?
1	Aniversário do cliente.	
2	Cliente faz parte dos 5% que mais gastaram na sua empresa no último ano.	
3	Cliente faz parte dos 5% mais frequentes.	
4	Cliente faz a primeira compra.	

n.º	Situação	O que você vai fazer para valorizar o cliente?
5	Aniversário da loja/ empresa.	
6	Cliente costumava comprar a cada 2 meses e não faz compras há 6 meses.	
7	Você tem um lote de produtos especiais com estoque limitado que pode oferecer para clientes, mas não tem para todos.	

Finanças – A masterchef das planilhas transforma números em ideias

Imagem 21 – Masterchef das planilhas

Ilustração Giandra Santos

A terceira área de gestão empresarial que você deve ter conhecimento é a financeira. E antes de torcer o nariz e dizer que você não gosta de matemática e que não se dá bem com os números, respire fundo e mantenha a mente aberta para o que vem a seguir (se você gosta de finanças pode pular o próximo parágrafo).

Você está prestes a estar totalmente equipado(a) para se tornar um(a) empreendedor(a) de sucesso. Lembra o que é sucesso para você e porque você decidiu empreender. Existem motivos e um propósito pelos quais você está disposto(a) a evoluir como pessoa, desenvolver novas mentalidades, competências e habilidades e ter o próprio negócio... Ainda que seja árduo e existam obstáculos no caminho, você sabe que vale a pena. Por isso, fazer as pazes com os números e superar o trauma da matemática da escola é mais um pequeno passo nessa grande trajetória de sucesso e prosperidade financeira.

É natural tender a tomar decisões com base em sensações e sentimentos, porém isso é perigoso e arriscado no contexto empresarial, porque sensações podem mudar em minutos — pode ser a raiva ou o êxtase momentâneo a tomar posse de nós e acabar por decidir por um caminho que não é o mais razoável. Para fugir da influência das emoções, colocar a razão no controle e tomar decisões esclarecidas e seguras, é preciso ter informações concretas e, sempre que possível, **números**.

"Tome decisões baseadas em números, pois números não mentem."

Para começar, são poucos os indicadores financeiros que você vai precisar registrar e controlar com frequência. Algumas horas por mês dão conta de realizar as rotinas financeiras necessárias para torná-lo(a) o(a) **masterchef das planilhas, o cara do dinheiro!**

Neste momento, você pode se perguntar: planilhas, por que planilhas? Porque elas são mais do que suficientes para garantir uma boa gestão financeira enquanto seu empreendimento é pequeno. À medida que o número de transações da empresa cresce e supera a casa da centena em um mês, faz todo sentido investir em um sistema financeiro (ERP de gestão financeira), para controlar as entradas (vendas) e as saídas (despesas).

"Tudo que pode ser medido pode ser controlado."

Por enquanto, eu recomendo que você implemente três rotinas financeiras (que demandam apenas duas planilhas):

1. O **orçamento** anual, que vem da sua estratégia (*big boss*).

2. A revisão mensal deste **orçamento,** adicionando os números realizados no mês anterior.

3. O registro semanal de receitas e despesas no **fluxo de caixa**.

Imagem 22 – Três rotinas financeiras essenciais

Autora Rafaela Sanzi.

Passo 9: planeje o seu futuro financeiro com um orçamento anual

O nono passo para fazer uma gestão eficaz é planejar o futuro financeiro da empresa. A ferramenta que iremos usar é o orçamento anual e esse é baseado nos seus planos de ação, estratégias e objetivos.

Entenda que o futuro da sua empresa será definido pela soma das pequenas decisões e ações diárias. Ter um planejamento financeiro anual assegura que ao longo do ano você permaneça focado(a) e tome as decisões na direção dos objetivos planejados, principalmente quando se trata de dinheiro. Além disso, projetar um ano à frente ajuda você a planejar ações de marketing para construir as vendas e a gerir produtos de forma pró-ativa.

Esse orçamento também o(a) ajuda a gastar e investir com sabedoria. O orçamento evita que você gaste com coisas que não são essenciais. Ao contrário, o orçamento vai guiá-lo para investir em equipamentos e conhecimentos que tem a ver com as melhorias que o seu mercado consumidor demanda e isso alavanca o seu crescimento.

E, claro, algo muito importante que o orçamento auxilia:

"O orçamento anual é a garantia de que você vai ganhar o montante de dinheiro que deseja."

O momento mais adequado para criar o seu orçamento é no final do ano, entre os meses de outubro e dezembro, pois janeiro você já vai estar executando o orçamento previsto e iniciando as outras rotinas (passo 10 e 11) de registrar e controlar o realizado comparando com o previsto em orçamento.

Aproveite esse período de planejamento orçamentário para solicitar cotações de preços e pedir orçamentos para todos as despesas previstas e equipamentos que pretende comprar. Organize e armazene estes orçamentos em uma pasta para consultá-los no futuro.

"Aquilo que você deseja intensamente se realizará."

O seu orçamento anual não precisa ser exaustivo e detalhado. Uma tabela simples como a que eu mostro a seguir é suficiente. O orçamento anual deve ser o reflexo dos seus objetivos anuais, ou seja, como os seus objetivos se traduzem em números.

Isso é o que não pode faltar no seu orçamento:

- **Receitas totais** – quanto pretende vender em produtos e serviços.
  - **Receitas por produto/serviço ou categoria** – quanto pretende vender de cada produto/serviço por mês.
- **Despesas totais** – quanto prevê gastar mensalmente no exercício das suas atividades profissionais
  - **Despesas por categoria** – quanto prevê gastar em cada tipo de despesa por exemplo, despesas administrativas, marketing, comercial, operacional, pessoas etc.
- **Resultado** – é o resultado das receitas totais menos as despesas totais

Eis um exemplo:

Tabela 8 – Exemplo de orçamento anual

Mês >>	J	F	M	A	M	J	J	A	S	O	N	D	TOTAL
Receitas totais	30	30	30	30	30	30	30	30	30	30	30	30	360
produto 1	10	10	10	10	10	10	10	10	10	10	10	10	120
produto 2	20	20	20	20	20	20	20	20	20	20	20	20	240
Despesas Totais	17	17	17	17	17	17	17	17	17	17	17	17	204
despesa 1	5	5	5	5	5	5	5	5	5	5	5	5	60
despesa 2	12	12	12	12	12	12	12	12	12	12	12	12	144
Resultado	13	13	13	13	13	13	13	13	13	13	13	13	156

Autora Rafaela Sanzi.

Cuidado, o orçamento é um jogo de números e a planilha aceita tudo!

Tenha atenção para estabelecer uma lógica e anote como você chegou nesses números. Se colocar na planilha que pretende vender R$ 100.000 por mês e retirar como salário R$ 99.0000, a planilha vai aceitar. Mas a questão é: isso é impossível de realizar!

Para criar um orçamento minimamente viável é preciso encará-lo de forma realista e estabelecer algumas premissas iniciais. Estabelecer uma premissa base, por exemplo, quando você quer retirar por mês de salário, vai ajudar a calcular quanto precisa vender que, por sua vez, vai demandar saber quanto precisa investir para vender esse montante — qual quantidade de cada produto vai vender para compor a receita mensal total e por aí vai...

Você vai encontrar as premissas iniciais do seu orçamento lá nos objetivos anuais (passo 3 do *big boss*). Depois de reunir os todos os números contidos nos objetivos estratégicos, revise todos os seus exercícios dos quatro circuitos do sistema marketing lucrativo — reúna todos as ações que demandam algum investimento pontual ou despesa recorrente e organize tudo isso na sua planilha de orçamento.

Prepare-se mentalmente para se dar conta que no primeiro ano não vai ser possível retirar o seu salário dos sonhos. Mantenha os pés no chão e faça um orçamento super-realista, adequando a sua retirada de salário à capacidade que a empresa tem de o remunerar.

Com um bom plano financeiro e um plano de marketing executado com maestria, eu tenho certeza de que você vai alcançar as suas metas financeiras pessoais, no tempo certo.

O orçamento é a hora da verdade. Ao fazer os cálculos a realidade vem à tona: talvez tenha de vender mais, investir mais em marketing e menos em equipamentos etc.

Não esqueça de prever os gastos operacionais e anotar tudo na sua planilha. No início, se trabalhar a partir de casa, não se preocupe em colocar despesas de luz, aluguel ou internet, por exemplo. Coloque apenas as despesas diretas e somente profissionais. Aqui estão alguns tipos de despesas comuns que aparecem num orçamento:

- Aluguel.
- Luz, água, internet.
- Material de escritório e suprimentos.
- Material de limpeza.
- Deslocamento.
- Compra de equipamentos.
- Cursos e formações.
- Anúncios e propaganda.
- Impressos e gráfica.
- Salários de funcionários.
- Pró-labore (salário do sócio-proprietário).
- Contratação de terceiros (limpeza, segurança, contabilidade, agência de marketing, consultoria etc.).

Exercício 28 – Faça o seu orçamento anual.

Primeiro, reúna informações do seu orçamento anual.

Quanto eu quero ganhar por mês?

_____

Seu salário mensal bruto:

_____

Qual é o mínimo que eu preciso vender por mês para ganhar o que desejo?

Produto	Quantidade	Preço	Vendas por mês
Total			

É possível vender tal quantidade desses produtos por mês? Se sim, faça uma lista das ações de marketing que proporcionarão essas vendas, incluindo as que você já tinha anotado em exercícios anteriores.

Ação	Despesa com a ação	Vendas

Ação	Despesa com a ação	Vendas

Agora liste todas as despesas mensais e investimentos pontuais que pretende fazer no ano.

Despesa	Valor mensal

Investimento	Valor	Data do investimento

Agora, você já tem as informações reunidas. **Preencha o seu orçamento anual.** Vale a pena fazer o primeiro rascunho aqui, mas depois passe tudo para uma planilha.

Mês >>	J	F	M	A	M	J	J	A	S	O	N	D	TOTAL
Receitas totais													
Despesas totais													
Resultado													

Passo 10: revise o financeiro do mês anterior

O décimo passo da gestão e a sua segunda rotina financeira é certifique-se mês a mês se as coisas correram como previu. Anote na sua agenda ou crie um alerta no celular para no dia 3° dia útil de cada mês revisar o orçamento e inserir os números reais do mês anterior.

Na aba "previsto", vai estar o seu orçamento anual, aquele que acabamos de elaborar no passo 9. Na aba "realizado", você vai informar os números reais de receitas, despesas e resultados do mês anterior.

Após atualizar a planilha "realizado", faça uma reflexão:

- O que eu planejei aconteceu?
- O que não aconteceu como eu previa? Por quê?
- O que eu fiz neste mês para alcançar a meta que funcionou?
- Tendo em vista o que passou e o que eu aprendi, é preciso fazer algum ajuste nas ações e no orçamento previsto para os próximos meses? Se sim, faça isso, atualize o seu plano de ações e atualize o orçamento previsto.

Ao refletir sobre essas questões, você estará aprendendo com o passado e preparando-se para o próximo mês.

Lembre-se de que o seu plano financeiro está amarrado com o plano de marketing. Portanto, se as vendas estão abaixo do esperado, é hora de revisitar e ajustar também o plano de marketing. Pense nisso:

- Quais são as ações que eu posso realizar a mais no próximo mês para aumentar as vendas?

Se as vendas estão dentro do esperado, os resultados são negativos. Olhe para as despesas e identifique onde você pode cortar ou reduzir imediatamente os gastos.

Exercício 29 – Estabeleça uma rotina financeira mensal.

No 3° dia útil de cada mês,

- Atualize a aba "realizado" do orçamento anual com os números reais do mês anterior.
- Compare com a aba "previsto".
- Analise e tire conclusões sobre a diferença entre o previsto e realizado.
- Se necessário, crie ou atualize os planos de ação para direcioná-lo(a) nos próximos meses.
- Se necessário, altere e recalcule o orçamento previsto.

Passo 11: faça o registro e controle financeiro semanalmente

O décimo primeiro passo é o controle financeiro do dia a dia. Esse controle precisa ser feito em uma segunda planilha, que pode ser o seu fluxo de caixa. No fluxo de caixa, você vai anotar todas as entradas e todas as saídas, identificando a data, a descrição e o valor. Você pode fazer isso diariamente, mas eu acredito que semanalmente é suficiente, se você movimentar sempre o dinheiro por meio de contas bancárias, fica fácil de semanalmente conferir o extrato e registrar na planilha exatamente o que aconteceu. Se houver movimentos em dinheiro, anote em um bloco, em um caderno, no celular ou guarde todas as notas fiscais juntas durante a semana para poder repassar para o fluxo de caixa no final da semana.

São as anotações do fluxo de caixa que depois passarão para o seu orçamento mensal realizado!

O fluxo de caixa controlado semanalmente também vai lhe fornecer uma ideia de quanto dinheiro tem em caixa. Com o passar do tempo e com o hábito estabelecido de controlar mensalmente o orçamento, você acaba por ganhar experiência e saber quanto precisa ter em caixa em cada semana do mês para cobrir despesas habituais.

Uma dica útil é você manter uma reserva de dinheiro sobrando no caixa. Caso as coisas não aconteçam como previsto, a reserva cobre os gastos da empresa sem que seja preciso você colocar do próprio bolso. Caso isso aconteça, de você emprestar dinheiro para a empresa ou investir na empresa para cobrir despesas, anote no fluxo de caixa. Se for um empréstimo, pode retirar esse dinheiro quando o caixa estiver restabelecido.

Não tem muito segredo sobre como fazer o controle financeiro, é simplesmente fazer e fazer frequentemente. Mantenha as suas duas planilhas sempre atualizadas, pois é muito chato ter que atualizar retrospectivamente quando deixamos de alimentá-la durante vários meses.

Exercício 30 – Estabeleça uma rotina financeira semanal.

No segunda-feira de cada semana,

- Abra a planilha fluxo de caixa.
- Abra os extratos bancários.
- Tenha consigo notas fiscais impressas e digitais.
- Tenha consigo comprovantes de pagamento impressos e digitais.
- Registre no fluxo de caixa todas as movimentações financeiras da semana anterior.

Gestão – O supergerente tem o método da alta performance

Imagem 23 – Supergerente

Ilustradora Giandra Santos

O supergerente domina a quarta área essencial em qualquer empresa de sucesso: a gestão. Ao desenvolver as habilidades de um supergerente — planejar, agir, medir e aprender —, você ganha olhos e ouvidos aguçados e sabedoria para tomar decisões acertadas.

A gestão serve e deve ser usada em todas as áreas da empresa. Nas finanças, fazer uma boa gestão ajuda você a detectar rapidamente quando as contas estão subindo mais rápido do que deveriam. No marketing, vai ser útil monitorar os indicadores de resultado para criar ações que possam contribuir no alcance das metas. A estratégia certamente pode valer-se da gestão para executar os projetos estratégicos, controlando seus resultados. E a operação também requer gestão para aprender com o dia a dia, introduzindo melhorias contínuas de processo e produto, por exemplo.

A **gestão pura** consiste em um método de quatro passos sequenciais – **PAMA**:

Imagem 24 – Método PAMA para gerir uma empresa.

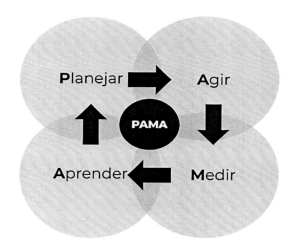

Autora Rafaela Sanzi.

Passo 12: organize o que precisa ser feito com planos de ação

Você já sabe... Tudo começa com um plano! Note que as três áreas por onde navegamos anteriormente requerem alguma espécie de plano.

Organize tudo que precisa ser feito em planos. Um plano simples deve ser guiado por um objetivo claro e no mínimo a lista das ações a serem realizadas para alcançar tal objetivo.

Você pode utilizar a metodologia do **5W2H** e descrever no plano, assim ficará muito mais completo.

Imagem 25 – Método 5W2H para criar um plano de ação.

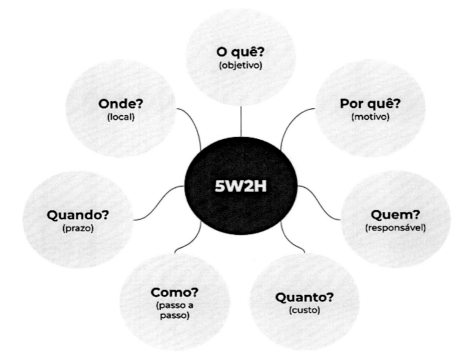

Autora Rafaela Sanzi.

Tabela 9 – Modelo de plano de ação 5W2H

O quê	Por que	Quem	Quanto	Como	Quando	Onde

Fonte: Rafaela Sanzi.

Mas cuidado para não se perder no planejamento e ficar sem tempo ou sem energia para colocar em ação! Um plano na gaveta não serve para nada. Se focar no básico e ter apenas o que, como e quando é o suficiente, vá em frente!

Como os planos podem ser utilizados em todas as áreas da empresa, esteja alerta para o excesso de planos com prazos curtos. Depois de coletar todas as demandas de estratégia, marketing e finanças que surgiram nos capítulos anteriores, organize os planos de ação com prazos realistas e de preferência que você não tenha de gerir a execução de vários planos ao mesmo tempo. Defina prioridades conforme a urgência, importância e potencial de impacto de cada plano.

Delegue as tarefas de cada plano conforme as habilidades e disponibilidade do seu time e contrate terceiros quando necessário. Não deixe que todos os planos caiam sobre as suas costas.

E não esqueça de verificar quanto cada plano vai custar aos cofres da empresa. Lembre-se que, mesmo que não haja investimentos ou gastos previstos diretamente, há horas de trabalho implicadas em fazer acontecer e essas horas custam dinheiro! Faça os orçamentos, pesquise preços e calcule os custos com mão de obra com base no número de horas estimadas para realizar as atividades.

Exercício 31 – Elabore um plano de ação 5W2H.

Crie planos de ação utilizando a metodologia 5W2H para ações programadas para acontecer nesse mês na sua empresa que dependam de você ou da sua equipe. Utilize este plano de ação diária ou semanalmente para monitorar os acontecimentos e mitigar imprevistos.

O quê	Por que	Quem	Quanto	Como	Quando	Onde

Passo 13: garanta que as ações planejadas aconteçam

O próximo passo é colocar os planos em AÇÃO! Não tem segredos quando o assunto é agir, o difícil é fazer. Porque tantas pessoas têm dificuldade em ser produtivo, vencer a procrastinação e cumprir prazos? O papel do supergerente é detectar e minimizar as consequências da baixa produtividade.

O seu papel é garantir que seja feito **dentro do prazo** e **com maestria**. Observe como a sua equipe está executando as atividades planejadas. Eles estão cumprindo os seus requisitos de qualidade? Fazer apenas por fazer, sem ter atenção do porquê está fazendo, pode influenciar para que os resultados não sejam alcançados.

Interfira e corrija as ações no dia a dia. Não aguarde os responsáveis terminarem as tarefas para concluir que está mal feito. Se você pode acompanhar de perto, acompanhe, pois quanto mais rápido você corrigir, menos dinheiro é gasto em vão.

Use *checklists* para organizar as suas tarefas e as da sua equipe. Monitore as tarefas concluídas. Tenha certeza de que os responsáveis sabem dos prazos que devem cumprir. E cobre os prazos — antes, durante e depois do prazo se esgotar.

É tão chato ficar só cobrando... É chato para você e para quem está à sua volta. Por isso, encontre motivos para comemorar e valorizar os responsáveis. Comemore a conclusão e qualidade das tarefas.

Você está no controle! Assuma as rédeas. São muitas as informações para memorizar e controlar, encontre a melhor forma de você se organizar. Será um caderno, uma planilha ou um software de gestão de tarefas? Seja o que for, encontre uma forma de anotar, consultar e atualizar todas essas informações de tarefas em ação.

Apague os incêndios, mas não se perca nele! Imprevistos acontecem (todo o tempo). O problema é que uma coisa leva a outra e às vezes até esquecemos o que estávamos fazendo quando fomos interrompidos pelo imprevisto e nunca mais voltamos para as atividades do plano. Já aconteceu com você? Comigo diversas vezes! É nesse momento que um *checklist* em cima da mesa nos traz de volta do furacão e nos coloca nos trilhos do plano!

Por último, não perca de vista o plano que deu origem às tarefas! Pois quando todas as tarefas de um plano estiverem concluídas, será preciso avaliar o que foi feito, os resultados atingidos e os aprendizados objetivos com o plano.

Exercício 32 – Checklist do supergerente.

- Verifique se você e a sua equipe estão realizando as atividades previstas, dentro do prazo e do orçamento.
- Interfira e corrija as ações no dia a dia.
- Comemore as vitórias e valorize os responsáveis.
- Resolva urgências rapidamente.
- Mantenha sempre à vista os planos de ação em andamento.

Passo 14: monitore os indicadores de resultado

O décimo quarto passo da gestão é a **MENSURAÇÃO**! Tudo que pode ser medido pode ser gerenciado, lembra?

- Digamos que você tem um plano de melhoria da sua loja que envolve instalar ar condicionado, pois você acredita que o calor tem sido desconfortável para os clientes. Além disso, você decidiu fazer o investimento porque acreditava que um ambiente mais fresco e confortável poderia fazer com que os clientes ficassem mais tempo na loja e, eventualmente, gastassem mais.

Após concluir a instalação, já com a loja climatizada, você começa a observar o comportamento e a fisionomia dos clientes, tentando notar alguma diferença — estão mais relaxados? Mais felizes? Difícil dizer, você tem uma sensação que sim. Mas sensações não podem ser medidas, nem pagam as suas contas!

Um mês depois, o ideal é tentar perceber se houve alguma mudança nos indicadores de desempenho: a receita total do mês foi maior do que a prevista? O valor médio por venda aumentou?

Desde o planejamento, é importante identificar quais indicadores podem medir o resultado do plano. Isso pode lhe dar uma ideia da importância, prioridade e urgência de investir num plano ou noutro. Afinal, se você vai dedicar recursos, é bom entender se vale a pena.

Vamos ver algumas formas que você tem de medir as atividades do seu negócio. A primeira forma de mensurar um plano é o seu percentual de conclusão, embora possa ser útil para cobrar os responsáveis pela conclusão, essa não pode ser a única forma de medir. A segunda forma é verificar se o que foi feito está de acordo com o que foi planejado, tanto na acuracidade quanto na qualidade.

Por último e mais importante, como no exemplo do ar condicionado, você deve reunir e registrar indicadores de desempenho de negócio que possam provar que o investimento levou a uma melhoria efetiva, teve um efeito indeterminado — não verificável ou se teve um efeito contrário do esperado, negativo.

Você pode se perguntar, porque ter todo esse trabalho de medir, só para provar que eu estava certo? Não por isso. Ter os números em mãos nos leva ao último passo da gestão.

Exercício 33 – Registre e monitore os indicadores de resultado.

Reúna todos os seus planos de ação e verifique se cada um deles tem definidos os indicadores de resultado. Como você vai verificar se obteve o resultado esperado após a conclusão do plano de ação? Se ainda não houver, defina pelo menos um indicador de resultado que possa ser mensurável e monitorado regularmente.

Plano de ação	Indicadores de Resultado

Passo 15: aprenda com o passado

Aprenda com os seus sucessos e com os seus fracassos. Nenhum plano é a prova de falhas. Eventualmente (ou com frequência), os resultados esperados não acontecem! Quando você estiver nessa situação, não desperdice a oportunidade de evoluir a partir dos próprios erros. Já falamos sobre isso na mentalidade vencedora. Aqui, colocamos essa habilidade em ação, aplicando em projetos tangíveis.

Se você tem um plano de ação, um projeto, faça o exercício de análise dos resultados por escrito. Evite ao máximo fazer isso mentalmente, pois a nossa memória é traiçoeira. Após alguns meses ou anos, você pode procurar por esses registros para compará-los com os resultados de um projeto mais recente.

"Ser um(a) empreendedor(a) de alta performance é estar continuamente aprimorando o próprio negócio."

Como usar o aprendizado como motor de alta performance no seu negócio:

- Analise os resultados mensuráveis — eles foram acima ou abaixo do esperado?
- Identifique quais foram as **causas** do sucesso ou do fracasso - por que, na sua opinião, foram esses os resultados?
- O que você pode aprender desta experiência?
- Existem **repercussões** futuras deste projeto, impactos que ainda virão deste projeto, tanto positivos quanto negativos? Quais são elas?
- Faça uma lista de **medidas** que você deve tomar para prevenir prejuízos futuros ou faça uma lista de ações que pode fazer para potencializar os resultados positivos.

- Após ter elaborado a sua análise e registrado os aprendizados, **compartilhe** esse conhecimento valioso com a sua equipe, para alinhar a mentalidade deles à sua, tornando a sua empresa inteira mais inteligente.

Existem três tipos de pessoas. Os que não aprendem com a vida. Os que aprendem, mas não colocam em prática. E os que aprendem e mudam as suas ações dali em diante. Você não vai querer ser nenhum dos dois primeiros tipos, porque eles tendem a ficar sempre no mesmo lugar, vivendo a mesma vida, repetindo os mesmos erros. O terceiro tipo é aquele que tem uma mentalidade orientada para o sucesso, porque usa tudo que está ao seu dispor para evoluir.

"A chave para a alta performance é aprender com a PRÁTICA e usar esses aprendizados para alterar o FUTURO.

Com essa afirmação poderosa, nós terminamos o método PAMA e as habilidades do supergerente, concluindo também os 15 passos da gestão de uma empresa de sucesso. Parabéns! Você conseguiu chegar até aqui! Nada pode parar você agora.

Exercício 34 – Aprenda com o passado.

Crie práticas e rotinas que você possa incorporar no seu dia a dia para aprender com o passado. Para isso, considere a importância de anotar estes aprendizados. E, sendo aprendizados da empresa, é fundamental que esses registros estejam organizados e acessíveis nos arquivos da empresa, físicos ou digitais. Anote as suas reflexões sobre esse capítulo.

_____

_____

_____

_____

Rafaela Sanzi

Final – o que eu faria depois de ler este livro

Você terminou de ler o livro e agora?

Imaginando-me no seu lugar, quando terminasse de ler o livro, provavelmente eu estaria me sentindo sobrecarregada com tanta informação e ansiosa para colocar em prática.

Isso não é o que eu desejo para você! Lembra do meu compromisso com você no início do livro? O que eu desejo é que você desenvolva autonomia e liberdade para gerir o próprio negócio de uma forma autêntica e que isso leve você ao sucesso que pretende. E, para isso acontecer, é preciso que você não se limite a LER, mas que coloque esses conceitos em PRÁTICA!

Então, não abandone ainda este livro.

Aqui, estão algumas ideias do que você pode fazer:

- Feche os olhos e durante alguns minutos fique em absoluto silêncio. Deixe a sua mente processar o conteúdo aprendido, alguns *insights* poderosos podem surgir desta pequena pausa.
- Faça um resumo com os principais tópicos do livro.
- Revise os exercícios do livro, se você pulou algum, é o momento de fazê-lo.
- Se você fez os exercícios no livro (como eu recomendei), passe a limpo as respostas para um caderno ou arquivo digital.
- Não busque mais informações. Não pesquise na internet. O que você já aprendeu com o livro já lhe deu trabalho para um ano inteiro... Então:
- COMECE A COLOCAR EM AÇÃO!

Essas são apenas recomendações, a decisão é sua! Quando você decide o que fazer com o que aprendeu, já é um passo em direção a sua autonomia e liberdade!

Faça o que fizer, seja feliz!

E fale comigo! Que ideias este livro despertou em você?

Onde me encontrar, falar sobre o livro e ver outros conteúdos:

Essas são algumas formas que você tem de me encontrar e entrar em contato:

mochilaodoempreendedor.com

rafaelasanzi.com.br

youtube.com/@rafaelasanzi

instagram.com/rafaelasanzi

tiktok.com/@rafaela.sanzi